Günter Waldmann / Katrin Bothe

ERZÄHLEN

Eine Einführung in kreatives Schreiben und produktives Verstehen von traditionellen und modernen Erzählformen

Ernst Klett Schulbuchverlag
Stuttgart Düsseldorf Berlin Leipzig

Deutsch im Gespräch

1. Auflage 1 5 4 3 2 1 | 1996 95 94 93 92

Die letzte Zahl bezeichnet das Jahr dieses Druckes.

Redaktionelle Betreuung: Petra-Marion Niethammer

Satz: DTP
Druck: Gutmann + Co. GmbH, Heilbronn
ISBN 3-12-311200-4

Inhalt

1 Einleitung

1.1 Kreatives Schreiben literarischer Texte

Dieses Buch will Wege zum **kreativen Schreiben von Prosa** aufzeigen. Es gibt Anleitungen zum eigenen literarischen Erzählen in traditionellen und vor allem modernen Erzählformen. Es möchte so dem, der selber schreiben will, die Möglichkeit bieten, die wichtigeren Techniken und Kunstmittel des Erzählens kennenzulernen, zu erkunden und selbst zu erproben.[1]

Dabei ist die Überzeugung leitend, daß der einzelne auf die Dauer zu einem ertragreichen Schreiben nicht dadurch kommt, daß er bloß Erlebnisse schildert, Gefühle und Betroffenheiten ausdrückt und Innerlichkeit herausstülpt (‚Schreiben aus dem Bauch'), sondern daß er – gerade auch um eine innere Befindlichkeit angemessen darstellen zu können – über ein Repertoire an **handwerklichen Möglichkeiten** verfügen sollte. Ihm einen solchen Grundbestand an literarischen Kunstfertigkeiten des Erzählens und ein Grundwissen über die Funktionen, Leistungen und Wirkungen der wichtigeren literarischen Kunstmittel zu vermitteln, ist die Absicht dieses Buches.

Ein besonderes Anliegen verfolgt es mit den **modernen Erzählformen,** die es anbietet: Die heutige Literatur und insbesondere die Erzählliteratur hat zahlreiche literarische Techniken und Kunstmittel entwickelt, mit denen sie die Probleme unserer Zeit und die Strukturen unserer Welt darzustellen und zu bearbeiten sucht. Dies für das eigene Schreiben einfach auszublenden: moderne Literatur zwar zu lesen, aber zu schreiben, wie man vor hundert oder zweihundert Jahren geschrieben hat, ist problematisch. Und das nicht einmal, weil man so vielleicht etwas unmodern und altväterlich schreibt, das wäre nicht so schlimm. Das Problem liegt vielmehr, um einen Begriff Blochs zu gebrauchen, in der **Ungleichzeitigkeit** dieses Schreibens:

Literarische Formen, Erzählformen etwa, sind ja keine neutralen zeitlosen ‚Formen an sich', sondern **geschichtlich** bedingt und geprägt. Sie sind diejenigen Formen, in denen bestimmte geschichtliche Inhalte, Themen, Probleme vor allem deshalb dargestellt worden sind (und eben nicht in beliebigen anderen literarischen Formen), weil sie die adäquatere Form für ihre Darstellung waren, ihnen formal nämlich mehr oder weniger entsprachen. Literarische Formen transportieren so i.a. bestimmte geschichtliche Inhalte, Anschauungen, Weltbilder und Ideologien.

Wer nun **heute** schreibt, um sein Bild oder seine Erfahrung dieser Welt darzustellen, wer schreibt, um sich selbst dadurch zu erfahren und seine Probleme, Ängste, Nöte, Sehnsüchte zu artikulieren und zu verarbeiten, und das in den literarischen Formen von **gestern** und **vorgestern** tut, der läuft Gefahr, damit in

Formen ‚abgesunkenen Kulturguts' zu schreiben, also mehr oder weniger Trivialliteratur zu produzieren, jedenfalls aber vergangene oder überholte Anschauungen und Ideologien zu reproduzieren. Schlimmstenfalls vermag er damit gerade nicht, sich seinem Bild oder seiner Erfahrung der Welt literarisch zu nähern, sie nämlich mit Sprache zu erforschen und in eigene Worte zu fassen, und er erfährt sich eben nicht selbst.

Dieses Buch versteht sich als eine **praktische Erzähllehre** und kann in Arbeitsgemeinschaften und Schreibgruppen der Sekundarstufen I und II, kann in freien Schreibwerkstätten und -seminaren sowie zum Selbststudium benutzt werden. Als Erzähllehre soll es aber gleichzeitig ein Verfahren des produktiven Verstehens literarischer Texte bieten:

1.2 Produktives Verstehen literarischer Texte

Dieses Buch stellt ein Angebot für einen produktionsorientierten Umgang mit Erzählliteratur im Literaturunterricht der Sekundarstufen I und II (sowie für produktionsbezogene Arbeit mit epischen Texten an der Hochschule) dar. Und es will mehr leisten, als dafür diese oder jene gut funktionierende Produktionsaufgabe vorzuschlagen, sondern es stellt ein eigenes Konzept des produktiven Umgangs mit Literatur dar: das einer produktiven Verstehenslehre, einer **produktiven Hermeneutik.**

Kreatives Schreiben wie produktiver Literaturumgang im Deutschunterricht oder gar an der Hochschule, obwohl sie inzwischen einige Verbreitung erlangt haben, sind dennoch für gar nicht so wenige Lehrer und Hochschullehrer ein im Prinzip problematisches, ja verdächtiges und anstößiges Verfahren. Diese sind eben noch einer Auffassung verpflichtet, für die ein literarischer Text, eine Dichtung, etwas ganz selbstgesetzlich aus sich Bestehendes, etwas Autonomes, und als solches etwas enorm Schwieriges, aber auch Hehres ist, das herzustellen eine ganz besondere einschlägige Begabung, vielleicht sogar Begnadung erfordert, über die ein durchschnittlicher Mensch nicht verfügt. Wer noch mit diesen traditionellen autonomie- und genieästhetischen Einstellungen behaftet ist, kann einen aktiven und produktiven Umgang mit literarischen Texten nur unangemessen und anstößig finden. Und er kann sich für das **Verstehen** literarischer Texte nur rezeptive analytische und interpretative Verfahren vorstellen. Dieser Einstellung setzen wir ein alternatives Konzept **produktiven Verstehens** entgegen, das wir knapp skizzieren:[2]

Produktives Verstehen geht nicht vom literarischen **Text** in der Weise aus, daß es ihn (autonomieästhetisch) isoliert und als in sich geschlossen, selbstgesetzlich und selbständig faßt und vor allem seine isolierten Inhalte, Formen,

Strukturen zu analysieren trachtet. Es will auch nicht mit einem so gefaßten Text nach seiner Analyse – etwa zum Zweck besserer Einprägung – dann noch produktiv verfahren. Es wird zwar immer einmal nützlich sein, in zuvor erarbeiteten literarischen Mustern zu schreiben. Produktives Verstehen zielt aber nicht überhaupt auf Imitation oder Nachgestalten literarischer Muster oder gar Texte.

Der literarische Text soll in seinem Verhältnis sowohl zum **Autor** als auch zum **Leser** verstanden werden. Beides bedeutet, daß er als **produzierter** Text verstanden wird:

Ein literarisches Werk hat seine konkrete literarische Existenz noch nicht als bloßer Text, sondern erst in dessen Rezeption durch den jeweiligen **Leser,** wodurch der Leser zu so etwas wie dem ‚Koproduzenten' des literarischen Werkes wird. Deshalb ist es didaktisch sinnvoll, diese ‚Koproduktion' des Lesers als solche zu organisieren und zu inszenieren, um so in konkretes Lesen einzuüben und den Text als ‚mitproduzierten' zu verstehen. (Das geschieht mit methodischen Zugriffen, bei denen z.B. Figuren, Ort und Zeit eines Textes konkretisiert, seine Handlung ausphantasiert, Unbestimmtheits- und Leerstellen ausgefüllt werden.) Mit diesem rezeptionsästhetischen Ansatz ist natürlich nicht gemeint, daß ein literarischer Text keine eigene Existenz hat und nur das ist, was der Leser jeweils aus ihm macht. Rezeptionale ‚Koproduktion' gibt es nur mit etwas zuvor **Produziertem.** Der literarische Text ist zuallererst das, als was sein **Autor** ihn produziert hat, und soll so – ‚koproduktiv' – verstanden werden.

Dabei geht es nicht um den Autor als Person und wie diese und ihre Biographie sich im literarischen Werk abbilden. Es geht um den **Autor** als den aktiven **Produzenten** des literarischen Textes, über den der literarische Text in seiner Produziertheit verstehbar wird. Denn hier ist das eigentliche – produktionsästhetische – Anliegen einer produktiven Hermeneutik: Das **Verstehen** der **Produziertheit eines literarischen Textes.** Dabei meint ‚Produziertheit eines literarischen Textes' zweierlei:

1. die **Tatsache, daß** er produziert worden ist (und nicht aus und durch sich selbst besteht), die Tatsache, daß er das **Produkt künstlerischer Arbeit:** ein literarisches ‚Kunstwerk' (und nicht autonom) ist. Davon wäre zu unterscheiden:
2. **als was** ein literarischer Text produziert worden ist, was die substanziellen **Merkmale,** die **Formen** und **Strukturen** eines von einem Autor produzierten (und eben nicht autonomen) Textes sind.[3]

Es geht also nicht positivistisch um biographische Vorgänge des Autors: Welcher Autor mit welchem Charakter und ob er wirklich und wann er und warum er wohl und unter welchen Einflüssen und Bedingungen er dann einen literarischen Text geschrieben hat. Sondern es geht um den **Text** und seine **Produziertheit.** Und da sind eben die beiden genannten Aspekte wichtig. Fassen wir sie etwas genauer, indem wir fragen:

(1.) Inwiefern ist der literarische Text **als** literarischer, also etwas im **Unterschied** zu **Alltagstexten** produziert? Welche Unterschiede (Differenzqualitäten) weist der literarisch produzierte Text gegenüber alltagssprachlichen Texten auf? Stellt er aufgrund seiner literarischen Produziertheit eine **Abweichung** von ihren Regeln und Normen dar? Und welche? Verändert, erweitert, verkürzt, verdichtet, verletzt, überlagert, verfremdet er sie? Und wie wird diese Differenz des literarischen Textes gegenüber Alltagstexten – man kann sie die **Außendifferenz** des literarischen Textes nennen – , wie wird also diese Außendifferenz des literarischen Textes ‚technisch' hergestellt? Wie funktioniert sie, was leistet sie für den Leser, wie wirkt sie auf ihn? Wie bestimmt sie seine ‚Koproduktion'? – Zum anderen Aspekt:

(2.) Wie ist der literarische Text im **Unterschied** zu **anderen** – wirklichen oder möglichen – **literarischen Texten** produziert? Hier geht es darum, daß jedes Merkmal eines literarischen Textes vom **Autor gewählt** wurde, und zwar so gewählt wurde, daß andere, auch mögliche Merkmale eben nicht gewählt wurden. Wenn wir nach der Produziertheit eines literarischen Textes fragen, haben wir jetzt also vor allem zu fragen:

- Welches Merkmal, welches Formmittel etwa, aus seinem eigenen Repertoire, aus der zeitgenössischen Literatur oder aus der Tradition hat der Autor bei der Produktion benutzt?
- Welche anderen Formmittel, die der Autor in anderen Texten, vielleicht sogar in Vorstufen und Varianten dieses Textes benutzt hat, die in der zeitgenössischen Literatur oder in der Tradition benutzt wurden, hätte er stattdessen auch wählen können, und was hätte das bewirkt?
- Und was hat es bewirkt, daß er diese anderen, auch möglichen Formmittel nicht gewählt hat, ist der literarische Text vielleicht in Abhebung von ihnen oder gar gegen sie realisiert worden und enthält sie so gleichsam als „aufgehobene" (Hegel) in sich? Was bedeutet es für die ‚Koproduktion' des Lesers?

Der entscheidende Vorgang, um den es hier geht, sei begrifflich noch etwas schärfer gefaßt: Ein literarisches Merkmal, etwa ein Formmittel, existiert nur so, daß es die anderen, statt seiner auch möglichen Formmittel **nicht** ist, die man also (paradigmatisch) bei ihm mitdenken muß. Die Produziertheit eines literarischen Textes zu verstehen, bedeutet damit, die im Text gegebenen Merkmale aus ihren Differenzen, genauer: aus den **Binnendifferenzen** zu den statt ihrer auch **möglichen** Merkmalen zu verstehen, anders gesagt: von der **Wahl des Autors** her, aufgrund derer **sie und nicht andere** Merkmale gewählt worden sind. Ein literarischer Text ist daher in sich selbst **intertextuell** (oder „dialogisch“ im Sinne Bachtins[4]), und zwar nicht nur durch die Elemente, die er von anderen literarischen Texten seiner Zeit und der Tradition in sich **aufnimmt,** sondern eben auch durch die in anderen Texten vom Autor benutzten, durch die zeitgenössischen und traditionellen literarischen Elemente, **ohne** die, in **Abhebung** von denen oder **gegen** die er produziert worden ist: Literarisches Verstehen ist **intertextuelles Verstehen.**

Die Merkmale, etwa die Differenzqualitäten, die einen Text produktionsästhetisch prägen, kann man natürlich **analytisch** feststellen und auflisten, doch ist das ein aufwendiges und auch etwas abstraktes Verfahren: Eine einzelne Differenzqualität gibt es konkret nicht als isoliertes Merkmal an einem Text. Sie existiert nur in der kommunikativen Erfahrung, daß einerseits der **Autor produzierend** dieses Merkmal (und nicht mögliche andere) gewählt hat und daß andererseits der **Leser ‚koproduzierend‘** dieses Merkmal in seiner Differenz zu anderen (möglichen, aber nicht realisierten) Merkmalen vollzieht und versteht: Differenzqualitäten müssen aktiv konnotiert und damit **produktiv erfahren** werden.

Erfahrungen, etwa literarische Differenzerfahrungen, kann man aber nicht abstrakt **‚lernen‘,** sondern muß man konkret **machen,** machen durch umfangreiche eigene literarische Lektüre und am besten auch in eigenem und sei es noch so begrenzten Produzieren, bei dem literarische Differenzqualitäten und die Wahl zwischen ihnen eine Rolle spielen. Erst durch die Erfahrung des eigenen literarischen Produzierens versteht man, welche Funktionen, Leistungen und Wirkungen die einzelnen literarischen Techniken, Formen und Kunstmittel haben. Man versteht produktiv die literarischen Texte, die man als Anlaß, Muster, Vor- und Gegenbild für eigenes Schreiben genommen hat, und schließlich auch die anderen literarischen Texte, die man liest. Dieses **produktive Verstehen literarischer Texte** oder doch wenigstens einige Sensibilität dafür soll unser Buch fördern.

Noch ein Wort zur **Gesamtanlage:** Dieses Buch will kreatives Schreiben ermöglichen und produktives Verstehen einrichten, und das nicht nur punktuell, sondern **systematisch.** Diese Systematik soll die einzelnen Arbeitsschritte in sinnvolle erzähltheoretische Zusammenhänge einordnen. Sie zielt nicht auf eine umfassende systematische Darstellung erzähltheoretischer Strukturen und ihrer philosophischen und soziologischen Bedingungen (die liegt vor allem für den kommunikativen Aspekt des Erzählens bereits vor[5]). Hier geht es darum, in dem inzwischen riesigen Feld der Erzählanalyse das aufzunehmen oder zu entwickeln, was produktionsästhetisch von Belang ist.

1.3 Zum methodischen Umgang mit dem Buch[6]

Dieses Buch ist **systematisch** aufgebaut und stellt zunächst ein Angebot für eine systematische Behandlung von Erzähltexten und Erzählformen dar. Sie kann verschiedene Gestalt haben: Im Literaturunterricht der Schule können in der 12. und 13. Klasse, also in Leistungs- und Grundkursen, ganze Kapitel in der vorliegenden Anordnung bearbeitet werden. (An der Hochschule kann zur Einführung in die Erzählformen das ganze Buch oder doch das meiste aus ihm behandelt werden.) In anderen Klassen der Sekundarstufen I und II ist es möglich, kleinere Kapitel, Teile oder Sequenzen aus ihnen in der vorgegebenen systematischen Anordnung zu behandeln.

Daneben ist es aber jedem Benutzer unbenommen, sich aus dem Gesamtreservoir der 86 Arbeitsanregungen das auszuwählen und so zusammenzustellen, wie er es in seiner Klasse oder Gruppe bzw. für sich selbst gebrauchen kann. Da gibt es viele Möglichkeiten, Akzente zu setzen, Schwerpunkte zu bilden, aber auch Abwechslung mit ganz verschiedenen, ja kontrastiven Verfahren in die Arbeit zu bringen. Wir bieten an:

- Aufgaben mit stark spielhaftem Charakter, in denen z.B. gewürfelt oder gelost wird,
- Aufgaben, die in Partnerarbeit oder in Klein- und Großgruppenarbeit oder auch mit wechselnden Partnern behandelt werden,
- einfache und leichte Aufgaben mit hinführendem Charakter,
- schwierige und anspruchsvolle Aufgaben, die größere Anforderungen an die literarische Gestaltung stellen,
- Aufgaben, die frei formuliert sind und deren Bearbeitung auf bestimmte literarische Formen, Muster und auch Texte zuführt,
- Aufgaben, die von literarischen Texten ausgehen, deren Bearbeitung ihre literarischen Techniken, Formen und Muster erkundet und erprobt, dabei aber auch diese Texte genauer und intensiver – eben produktiv – verstehen läßt.

Es gibt so viele **Möglichkeiten,** aus all dem auszuwählen und das Gewählte miteinander zu kombinieren, daß es uns nicht sinnvoll scheint, dafür bestimmte Anordnungen und Unterrichts- oder Kursverläufe oder gar Stundenentwürfe vorzuschlagen. Zudem sind die allgemeinen **Absichten,** die man mit diesem Buch verfolgen kann, ja auch recht verschieden. Sie reichen von bloßer Anregung für mehr oder weniger freies Schreiben über die systematische produktive Erarbeitung literarischer Formen und Kunstmittel bis zum produktiven Verstehen gegebener literarischer Texte und Textgruppen und zu der Absicht, all das miteinander zu verbinden.

Zu dem Punkt des produktiven Verstehens gegebener **Texte** noch eine Anmerkung: Das Buch enthält als Muster, als Beispiel, zur Anregung und Kontrolle eine große Anzahl literarischer Texte, oft in zusammengehörigen Textgruppen angeordnet, darunter viele interessante, entlegene und ungewöhnliche Texte, weshalb es schon als bloßes literarisches **‚Lesebuch'** einigen Reiz haben dürfte. Man kann deshalb mit ihm in der Schule auch in der Weise arbeiten, daß man, anstatt Erzähltexte aus dem Lesebuch oder als Lektüre zu lesen, Texte und Textgruppen aus ihm nimmt und mit ihnen nun einmal nicht vorwiegend analytisch und interpretierend, sondern produktiv verfährt. In vielen Fällen gibt das Buch analytische Hinweise und bringt gelegentlich auch größere Interpretationen zu den Texten, außerdem schaffen die produktiven Verfahren eigene Verstehensansätze, so daß es in der Regel nicht schwer ist, die einzelnen Texte formal und inhaltlich gut zu erfassen. Man könnte so eine oder mehrere der vielen üblichen, nur analysierend verfahrenden Unterrichtseinheiten zu Erzähllektüren oder zu Erzählformen (wie der Novelle oder der Kurzgeschichte) durch eine Einheit mit aktivem Textumgang und produktivem Verstehen ersetzen.

2 Grundformen des Erzählens

2.1 Alltägliches und literarisches Erzählen

Erzählen kann jeder. Und jeder erzählt ständig: Ein beträchtlicher Teil alltäglicher Rede besteht darin, daß man anderen erzählt, was man selbst gesehen, erlebt, getan, gedacht, gefühlt und gesprochen hat; das erzählt man in der Ich-Form. Oder man erzählt, was andere, wie man gesehen und gehört hat, erlebt, getan und gesagt haben; das erzählt man in der Er- bzw. Sie-Form. Ich-Erzählung und Er-Erzählung (wie sie von nun an abkürzend meist genannt wird) sind Formen des **alltäglichen Erzählens,**[7] die jeder unablässig benutzt, ohne sich allerdings dessen bewußt zu sein, daß er mit zwei ganz verschiedenen Erzählformen umgeht.

Wie verschieden sie sind, erfährt man, wenn man sie vertauscht: Wenn man nämlich ein Erlebnis, das man selber hatte, in der Er-Form erzählt. Oder wenn man ein Erlebnis, das jemand anders hatte und von dem man es erfahren hat, in der Ich-Form erzählt. Das ist ein Versuch, mit dem man nicht nur etwas über diese beiden Erzählformen, sondern vor allem über die Verschiedenheit von alltäglichem und ‚literarischem' Erzählen erfährt:

„Erzähl mir was!"
Vom alltäglichen zum ‚literarischen' Erzählen (Partnerarbeit)

1. Wählen Sie einen Partner.
2. Losen Sie mit ihm aus, wer erzählt.
3. Der Erloste erzählt **mündlich** ganz kurz etwas, es kann sehr alltäglich sein, das er (am besten kürzlich) wirklich erlebt hat, zum Beispiel etwas, das ihn besonders geärgert, enttäuscht, verwundert, gefreut hat. Der Zuhörer darf sich Notizen machen, den Erzähler aber nicht unterbrechen oder nachfragen. Beide wissen zu diesem Zeitpunkt noch nicht, wofür das Ganze gut ist. (Gegebenenfalls kann die Erzählung auch auf Tonband mitgeschnitten werden.)
4. Nun schreibt derjenige, der zugehört hat, die gehörte Geschichte auf, aber in der **Ich-Form,** wobei er die Ich-Rolle wirklich ernstnehmen und sich mit ihr identifizieren, so auch seine Gedanken und Gefühle in ihr darstellen sollte.
5. Auch der, der erzählt hat, schreibt seine eigene Geschichte auf, aber in der **Er-** bzw. **Sie-Form,** wobei er/sie von sich einfach als ‚er' bzw. ‚sie', aber auch als ‚dem Mann / der Frau', ‚Herrn/Frau X.' usw. sprechen kann.

6. Lesen Sie dann die Er- bzw. Sie-Erzählung und die Ich-Erzählung vor, und überlegen Sie:
   - Wie ist es für Sie, Ihre eigene Geschichte als Er- bzw. Sie-Erzählung zu erzählen?
   - Wie ist es für Sie, wenn ein anderer Ihre Geschichte als seine Ich-Erzählung erzählt?
   - Und wie ist es für Sie, die Geschichte eines anderen als Ihre eigene Ich-Erzählung zu erzählen?
   - Was ist bei diesem Schreiben mit dem ursprünglichen Material der mündlichen Erzählung geschehen (gegebenenfalls kann jetzt auch der Tonbandmitschnitt noch angehört werden)?
7. Wenn Zeit ist, kann jetzt auch noch ein zweiter Durchgang erfolgen, bei dem der andere Partner mit der mündlichen Erzählung beginnt.

Die Erfahrung, die man bei diesem Erzählversuch macht, ist vor allem, daß die eigene, von einem selbst erlebte Geschichte ziemlich verändert und irgendwie in Entfernung gerückt und fremd geworden erscheint, wenn ein anderer sie als Ich-Geschichte erzählt, aber auch, wenn man sie selbst in der Er- bzw. Sie-Form erzählt: Das ‚Ich', das ein anderer erzählt, ist, auch wenn es mein Erlebnis erlebt, nicht mehr so recht mein Ich. Und auch der ‚Er', oder die ‚Sie', als die ‚verkleidet' ich meine Geschichte erzähle, ist eigentlich ja nicht mein Ich. Andererseits bin ich natürlich nicht das ‚Ich', mit dem ich die Geschichte des Partners erzähle.

Was man so erfährt, ist also: Durch den Wechsel der Erzählform ist das alltägliche Erzählen **verfremdet** und **verändert** worden. Ein ‚anderes' Erzählen hat stattgefunden, das eine deutliche Verschiedenheit (eine ‚Differenzqualität') zum alltäglichen Erzählen aufweist: ein Erzählen, das sich mehr oder weniger ablöst vom alltäglichen autobiographischen Erzählen und so von einer irgendwie eigenen Erzählwirklichkeit erzählt – von keiner fingierten Wirklichkeit, denn das Erzählte ist ja wirklich geschehen, aber von einer durch die Art des Erzählens gleichsam ‚literarisch' gewordenen Wirklichkeit: Indem Erzählformen verschieden vom Gebrauch im alltäglichen Erzählen (‚different' zum alltäglichen Erzählen) benutzt werden, werden sie künstlich, d.h. als **Kunstmittel** benutzt und bringen dann eine Kunstwelt, eben eine **literarische Erzählwelt** hervor.

Wenn wir nun zum literarischen Erzählen übergehen und einige seiner Formen näher betrachten, dann sollte zunächst eine Grunderfahrung ermöglicht werden: Die Erfahrung, daß literarische Erzählungen nichts an sich Gegebenes, nichts – autonomieästhetisch gesprochen – allein aus und in sich Bestehendes sind, das notwendigerweise eben diese bestimmte Form aufweist. Literarische

Erzählungen sind vielmehr etwas elementar **Gemachtes,** etwas künstlich und absichtsvoll **Produziertes,** das so, wie es ist, gemacht ist, aber auch ganz anders gemacht sein könnte – und das man selbst machen kann. Zu dieser Elementarerfahrung vier Arbeitsanregungen:

**Geschichten werden gemacht I:
Vornamens-Geschichte**[8]

Schreiben Sie die Buchstaben Ihres Vornamens untereinander, und finden Sie zu jedem Buchstaben ein Wort, das mit ihm beginnt. Schreiben Sie dann eine Geschichte, in der alle Wörter dieser Wortliste vorkommen.

**Geschichten werden gemacht II:
Geschichten auswürfeln (Gruppenarbeit)**[9]

Würfeln Sie zunächst gemeinsam 8-12 Wörter aus, indem Sie reihum für jeden Wurf ein Wort nennen, das so viele Buchstaben hat, wie Sie gewürfelt haben. Bei einer ‚1' muß das Wort mehr als sechs Buchstaben haben. Es sollten möglichst Substantive und Adjektive gewählt werden; bei zwei und auch drei Buchstaben kann das etwas schwierig sein, dann können notfalls auch Funktionswörter (so, zu, an, der, die, als, vor usw.) genommen werden.
Schreiben Sie dann alle eine Geschichte, in der die erwürfelten Wörter vorkommen. Die erwürfelten Wörter können dabei auch mehrfach vorkommen, und es können natürlich zusätzlich alle möglichen anderen Wörter verwendet werden.

**Geschichten werden gemacht III:
Geschichten auslosen (Gruppenarbeit)**[10]

Jeder Teilnehmer bekommt drei leere Zettel in unterschiedlichen Farben. Er schreibt nun auf den

1. Zettel: Name, Alter und Beruf einer Person, auf den
2. Zettel: einen Ort oder eine Gegend, auf den
3. Zettel: das Thema, das Problem, worum es in der Geschichte gehen soll, etwa: Liebe, Enttäuschung, Abenteuer, Verbrechen, Seltsames, Gruseliges, Groteskes usw.

Mischen Sie die Zettel innerhalb der Farben, und ziehen Sie alle aus jeder Farbe einen Zettel.
Erzählen Sie nun jeder eine kurze Geschichte der erlosten Art an dem erlosten Ort mit der erlosten Person als Hauptfigur.

Geschichten werden gemacht IV:
Erzähl-Baukasten

A	Person	Gegenspieler	Ort
1.	Junge/junger Mann	alter Mann/alte Frau	Großstadtstraße
2.	Mädchen/junge Frau	Fremder/Ausländer	Fußgängerzone
3.	kleines Kind	Gehbehinderter	Parkplatz
4.	Hausfrau	Blinder	Bahnhof
5.	Sportler	Musiker	Kaufhaus
6.	eiliger Mann	Hundebesitzer	Bus

oder:

B	Person: Beruf	Gegenstand	Empfindung
1.	Arzt/Ärztin	Brille	Angst
2.	Flugkapitän	Klavier	Erschrecken
3.	Koch/Köchin	Koffer	Neid
4.	Landwirt	Tasche	Schadenfreude
5.	Lehrer(in)	Teppich	Trauer
6.	Pfarrer(in)	Uhr	Wut

Wählen Sie einen der beiden Erzähl-Baukästen. Würfeln Sie nun dreimal. Sehen Sie in den Rubriken Ihres Erzähl-Baukastens nach, welche Kombination von Person-Gegenspieler-Ort bzw. Person-Gegenstand-Empfindung Sie erwürfelt haben, und schreiben Sie zu ihr eine Erzählung.

Nun zu einigen Grundformen des literarischen Erzählens:

2.2 Die Ich-Erzählung

Daß Ich- und Er-Erzählform verschieden sind, war der Grund dafür, daß ihre Vertauschung aus dem alltäglichen ein ‚literarisches' Erzählen machte. Diese Verschiedenheit von Ich- und Er-Erzählform gilt natürlich auch dann, wenn sie ‚künstlich' oder ‚literarisch' verwendet werden: Wenn man etwa ein eigenes Erlebnis in der Er-Form erzählt oder wenn man ein fremdes bzw. ein erfundenes Erlebnis in der Ich-Form erzählt. Ich-Erzählung und Er-Erzählung bilden unterschiedliche ‚Situationen' des Erzählens, oder mehr vom Erzähler aus gesprochen: sie stellen verschiedene **Haltungen,** in denen erzählt wird, dar. Diese verschiedenen **Erzählhaltungen** von Ich- und Er-Erzählungen sollen nun nach einigen Hauptmerkmalen erkundet werden. Dabei soll vor allem die Ich-Erzählform näher betrachtet werden.

Peter Bichsel: [Die Brücke][11]

Peter war sieben. Er ging über die Brücke. Auf der andern Seite standen zwei Mädchen. Sie waren acht, ein Jahr älter als er. Die eine war groß und hatte braunes, krauses Haar und Milchschorf im Gesicht.
Sie riefen: ,,Die Brücke stürzt ein." Peter kümmerte sich nicht um sie. Sie riefen wieder: ,,Los, lauf, komm doch, sie stürzt ein." Peter schaute etwas unsicher. Sie riefen noch einmal, da lief er. Als er ankam, lachten sie ihn aus.
Das hat er nie vergessen.

Ich war sieben. Ich ging über die Brücke. Auf der andern Seite standen zwei Mädchen. Sie riefen: ,,Die Brücke stürzt ein." Ich wußte, daß sie nicht einstürzen kann. Sie riefen: ,,Los, lauf, komm doch, sie stürzt ein." Und als sie noch einmal riefen, lief ich, damit sie mich in Ruhe ließen. Sie lachten mich aus, als ich ankam.
An die eine erinnere ich mich nicht mehr, aber die andere war groß und hatte braunes, krauses Haar und Milchschorf im Gesicht. Die würde ich wiedererkennen und wenn sie sich auch ganz verändert hätte.
Die waren acht, ein Jahr älter als ich, und ich war ihnen ausgeliefert, sie gaben mir keine Möglichkeit. Wäre ich ruhig weitergegangen, wären sie mir böse gewesen, und weil ich gerannt bin, ihnen zuliebe, haben sie mich ausgelacht. Nun ist es gesagt.

Er erzählt - ich erzähle

Dieselbe Geschichte ist einmal in der Er- und einmal in der Ich-Form erzählt. Erzählen Sie die Geschichte selbst noch einmal in der Ich-Form, und zwar als Ich-Erzählung des braunhaarigen Mädchens. Überlegen Sie dann:

1. Worin unterscheiden sich Er-Form und Ich-Form der Erzählung hauptsächlich?
2. Was weist die abgedruckte wie wohl auch die von Ihnen geschriebene Ich-Erzählung auf, was die Er-Erzählung nicht hat, und was leistet sie dadurch vor allem?
3. Welche Form der Erzählung, Er- oder Ich-Form, empfinden Sie als überzeugender, nämlich als ‚glaubhafter' bzw. ‚glaubwürdiger', und warum?

Die vorgeschlagenen Überlegungen könnten vor allem folgendes ergeben:

Zu 1. Die Er-Version des Bichsel-Textes wirkt distanziert, nüchtern, sachlich, **objektiv:** Es spricht ein ‚Erzähler', der ein ihm scheinbar bekannt gewordenes Ereignis, an dem er selbst nicht beteiligt ist, wiedergibt. Dagegen wirkt die Ich-Version innerlich beteiligt, persönlich interessiert, **subjektiv:** Es spricht ja die erlebende Person selber.

Zu 2: Die Er-Version stellt vor allem wahrnehmbare **äußere Vorgänge** dar. Die Ich-Version – wie wohl auch die selbstgeschriebene Ich-Erzählung des braunhaarigen Mädchens – stellt daneben auch **innere Vorgänge** dar („Ich wußte ...", „... erinnere ich mich ..."); bei ihnen liegt sogar ihr eigentlicher Schwerpunkt: Die Er-Version konstatiert nur, daß Peter das Geschehen nie vergessen hat. Die Ich-Version dagegen interpretiert das demütigende Geschehen aus der Perspektive des Ich Erzählers, erklärt nämlich sein damaliges Verhalten und stellt so eine nachträgliche subjektive Verarbeitung der kindlichen Demütigung dar. Sie ist **subjektiv** und erzählt **perspektivisch.**

Zu 3: ‚Glaub**haftigkeit**' bezieht sich auf die Sachangemessenheit einer Aussage, ist sozusagen ‚objektiv' gerichtet. ‚Glaub**würdigkeit**' (Würde kann nur eine Person haben) bezieht sich auf die Vertrauenswürdigkeit eines Aussagenden, ist sozusagen ‚subjektiv' gerichtet. Die Er-Version mit ihrem Anschein von sachlicher und objektiver Darstellung wirkt **glaubhaft** und so überzeugend; die Glaubwürdigkeit des Erzählers spielt weniger eine Rolle. Aber auch die Ich-Version – und die selbstgeschriebene Erzählung des braunhaarigen Mädchens – ist überzeugend, nur auf andere Weise als die Er-Version: Sie erzählt zwar perspektivisch und subjektiv, ist aber gerade dadurch besonders glaubwürdig. Es erzählt ja die Person, die das äußere und vor allem das innere Geschehen am besten wissen muß, die erlebende Person selbst. Die Ich-Erzählform erscheint deshalb als besonders authentisch und – wenn auch nur subjektiv – **glaubwürdig;** die Glaubhaftigkeit des Erzählten spielt weniger eine Rolle.

Es ergibt sich insgesamt: In der Er-Form oder in der Ich-Form zu erzählen, bedeutet eine unterschiedliche **Erzählhaltung.** Wer in der **Er-Form** erzählt, erzählt tendentiell distanziert, versachlichend und objektivierend. Wer in der **Ich-Form** erzählt, erzählt tendentiell subjektiv und perspektivisch und darin (subjektiv) besonders glaubwürdig; die Ich-Erzählform bedeutet so ein mehr persönliches und darin in besonderer Weise intensives Erzählen.

Daneben gibt es allerdings noch andere Formen der Ich-Erzählung: das Erzählen des „Augenzeugen-Ich",[12] des brief- und des tagebuchschreibenden Ich, des unmittelbar miterlebenden und des monologisierenden Ich; einige dieser Formen werden wir später noch behandeln. Auf eine besondere Form der Ich-Erzählung gehen wir aber jetzt schon ein. Dazu zunächst ein Textausschnitt:

Alain Robbe-Grillet, aus: Die Radiergummis[13]

„Du stellst dich hinter den Schreibtisch, faßt mit beiden Händen die Lehne des Schreibtischstuhls und prägst dir genau die Lage sämtlicher Gegenstände zwischen Tisch und Tür ein. Du hast Zeit genug: Dupont kommt nicht vor halb acht wieder herauf. Wenn du über alles im Bilde bist, gehst du und drehst das Deckenlicht aus. Der Schalter ist am Eingang neben der Tür. Du mußt ihn nach der Wand zu drehen, wenn du andersherum drehst, schaltest du noch zwei Birnen ein. Dann gehst du auf demselben Weg zurück und stellst dich wieder hinter den Stuhl wie vorher. Du nimmst den geladenen Revolver in die rechte Hand, richtest deine Augen auf die Tür und wartest. Wenn Dupont aufmacht, wird er sich gegen den erhellten Flur klar in der Türöffnung abheben; du stehst unsichtbar im Dunkeln und kannst bequem zielen, indem du deine rechte Hand auf die Stuhllehne stützt. Du wirst drei Schüsse abgeben, in die Herzgegend, und dann gehst du, ohne dich übermäßig zu beeilen; die Alte wird nichts gehört haben. Solltest du sie in der Vorhalle treffen, richte es so ein, daß sie dein Gesicht nicht deutlich sieht; schieb sie ohne Brutalität beiseite. Es wird sonst niemand im Haus sein."

Das ist ein Text in der **Du-Form.** Die Du-Form ist im Erzählen in verschiedener Weise möglich: Zunächst kann sie sich ergeben, wenn der Erzähler seinen **Leser** direkt anspricht; das eigentliche Erzählen erfolgt dann aber i.a. in der Er- oder Ich-Form. In unserem Beispiel ist jedoch offenbar nicht der Leser angeredet (die Du-Form der Leseranrede werden wir im 4. Abschnitt des Kapitels „Der Leserbezug des Erzählens" behandeln).

Sodann kann die Du-Form im Erzählen vorkommen, wenn **Dialoge,** in denen die Gesprächspartner sich duzen, erzählt werden; die vorliegende Form kann dann entstehen, wenn ein Gesprächspartner ständig schweigt oder wenn seine Antworten nicht miterzählt werden. Das könnte an sich für unser Beispiel zutreffen. Der Kontext des Romans zeigt aber, daß hier nicht ein Sprechender mit einem schweigenden oder ausgesparten Gesprächspartner spricht (das werden wir im 1. Abschnitt des Kapitels „Erzählen in modernen Redeformen" behandeln), sondern daß ein Sprechender in einem Selbstgespräch mit sich selbst über das, was er vor hat, spricht und es sich so einprägt: Das angeredete Du ist gleichzeitig das mit sich selbst redende Ich, und wir haben es mit einer besonderen Form der **Ich-Erzählung,** sozusagen mit einem von dem Ich an sich selbst gerichteten **inneren Monolog** zu tun.

Diese Form ist nicht an sich ungewöhnlich: Jeder spricht einmal mit sich selbst und redet sich dabei mit ‚du' an. Und in der **Literatur** ist diese Form nicht so selten: Ein Beispiel zitieren wir später mit Ilse Aichingers „Spiegelgeschichte“ (s. S. 55); in Christa Wolfs Roman „Kindheitsmuster“ ist sie verwendet. Michel Butor hat als erster einen Roman, „La modification“, ganz in dieser Form geschrieben: Der Ich-Erzähler, ein Geschäftsreisender, überlegt auf der Fahrt von Paris nach Rom, ob er sich von seiner Pariser Frau scheiden lassen und seine italienische Freundin heiraten soll. Dabei stellt er sich u.a. die bevorstehende Begegnung mit seiner Freundin vor und erinnert sich an frühere Erlebnisse mit ihr, bewegt sich also in einem Selbstgespräch mit seinem Du ständig in Gegenwart, Zukunft und Vergangenheit. Eine Passage einer Vergangenheitserinnerung:

Michel Butor, aus: Paris – Rom oder Die Modifikation [14]

Damals war es keine Urlaubsreise; du hattest um drei Uhr eine Besprechung bei Scabelli und mußtest bis nach halb sieben dortbleiben, und anschließend fandest du keinen Vorwand, die Einladung zu einem Glas Wein auszuschlagen, um das schöne Wetter auf einer der Terrassen der Via Vittorio Veneto zu genießen, indes Cécile auf dich wartete, denn du hattest ihr dein Kommen angekündigt, wie bei jeder deiner Reisen, und dich wie immer mit ihr nach Büroschluß in dem kleinen Café auf der Piazza Farnese verabredet, aber gewöhnlich warst du schon um sechs Uhr und vor ihr da.

Als du endlich in das Café tratst, war es natürlich leer. Nein, man habe nichts für dich hinterlassen, die Dame, mit der du sonst zusammen gewesen seist, habe man wohl gesehen, sie sei aber nicht lange geblieben und man habe auch nicht achtgegeben, nach welcher Seite sie gegangen sei.

Ihr Fenster in der Via Monte della Farina war erleuchtet. Die alte Signora da Ponte hat dir die Tür geöffnet und sogleich laut gerufen: „Signora, signora, e il signore francese, il cugino.“ „Oh, endlich kommst du; ich habe mich schon gefragt, ob du deine Reise verschoben hättest oder was sonst passiert sei.“ Sie hatte ihren Mantel nicht ausgezogen, und ihr seid sofort hinuntergegangen, euch im dunklen Treppenhaus küssend.

Cécile wußte, wohin sie dich führte; in ein kleines Restaurant in Trastevere, von dem im Augenblick ihre Kollegen schwärmten und das sie ausprobieren wollte, aber der Weg über die Tiberinsel war natürlich nicht der kürzeste, dann habt ihr euch in dem Gewirr der Gassen verlaufen, und als ihr zurückgekommen seid, bist du deshalb nicht mehr mit in ihr Zimmer hinaufgegangen.

Diese Du-(Ihr-)Form ist eine Erzählform, die einigen literarischen Belang hat: Als ein innerer Monolog bietet sie eine Darstellung des Geschehens ganz aus der Sicht einer Figur, bietet eine **Innensicht** des Erzählens. Sie beansprucht dabei nicht, einen Bewußtseinsstrom abzubilden, sondern gibt **Selbstgespräche des Ich-Erzählers** wieder und gewinnt mit deren scheinbar dialogischer Form eine größere Plastizität und Anschaulichkeit als der reine Monolog. Und es bleibt immer spürbar, spürbarer als in anderen Erzählformen, daß alles Erzählte etwas Imaginiertes, ein im Selbstgespräch Gedachtes, Vorgestelltes und Erinnertes des Ich-Erzählers ist.

Man kann die Du-Form ausprobieren, indem man eine beliebige Erzählung, für die man sonst die Ich-Form wählen würde, einmal in der Du-Form schreibt. Möglich ist aber auch, den Unterschied von **Ich-, Du- und Er-Erzählung** zu erkunden; dazu die folgende Arbeitsanregung für eine Gruppenarbeit, bei der die Verwendung der Du-Form dadurch nahegelegt ist, daß der Erzähler sich mit ihr auf vorhergehende Ich- oder Er-Erzähler bezieht. Es entsteht eine Geschichte, in der Ich-, Er- und Du-Form wechseln und so auch eine Erfahrung darüber ermöglichen, wie es ist, wenn man die übliche Monotonie einsinnigen Er- oder Ich-Erzählens (mit Christa Wolf: das „Gebetsmühlengeklapper: in der gleichen Person"[15]) einmal durchbricht, wie es ja in manchen neueren Romanen geschieht, etwa in Max Frischs „Mein Name sei Gantenbein" und „Montauk", die zwischen Ich- und Er-Form wechseln, oder in Christa Wolfs Roman „Kindheitsmuster", der zwischen Du- und Sie-Form wechselt.[16]

Ich-Du-Er-Geschichte (Gruppenarbeit)[17]

Jeder Teilnehmer schreibt in der Ich- oder Er-Form den Anfang einer Geschichte, bei der eine Person im Mittelpunkt steht.
Die Texte werden, wenn sie geschrieben sind, eingesammelt und verlost. Der nächste Schreiber setzt nun eine Ich-Geschichte als Er- oder Du-Geschichte, eine Er-Geschichte als Ich- oder Du-Geschichte fort. Nach einem zweiten Verlosen setzt jeder die Geschichte, die er dann erlost hat, mit **der** Ich-, Er- oder Du-Form fort, die noch nicht verwendet worden ist, und beendet sie. Es sollte dabei immer dieselbe Person sein, die erzählt bzw. Gegenstand des Erzählens ist.

Mit dieser Art **Du-Form** haben wir eine besondere Form der **Ich-Erzählung** behandelt. Es gibt aber auch andere Formen der **Er-Erzählung,** und darunter sogar solche, die sich der Ich-Erzählform annähern:

2.3 Die Er-Erzählung

Bei dem ersten Fragepunkt der Arbeitsanregung „Er erzählt – ich erzähle“ (S. 15) hatten wir erkannt, daß die Er-Form distanziert, versachlichend und objektivierend erzählt. Das trifft für viele Er-Erzählungen zu, aber in verschiedener Weise und auch nicht für alle:

1. Kaffeetrinken

„Weshalb sollte Christiane denn nicht wissen, daß wir uns gestritten haben? Was steckt dahinter?“
Sie zerrte an ihrer Halskette.
„Von mir aus kann jeder wissen, wie es um uns steht. Aber du willst es vertuschen. Was soll das? Allmählich hab ich deine ewige Heuchelei – ja, gib mir noch einen Kaffee!“
Melanie sprach lauter:
“Allmählich hab ich das satt, das kannst du mir glauben, und ... Was war da in der Tasse?“
Robert schaute verwundert:
„Was soll in der Tasse sein, Melanie? Nichts. Was hast du nur?“
„... und das eine sag ich dir, Rob“, sie stürzte den Kaffee herunter, „und das ist es, was ich habe: Ich halt es so nicht länger aus! Aber was mich fast umbringt, macht dir ja nichts. Ich will aber ... Was ist das? Mir ist schwindelig ... Ich bin plötzlich so ... Was war ... Ich ...“
Sie schwankte und fiel dann im Sessel zurück. Robert nahm sie auf und trug sie in ihr Bett.

2. Mord am Kaffeetisch

Wieder einmal hatten sie sich gestritten. Robert war es recht, denn anders konnte er es nicht tun. Und er wollte es tun. Aber er mußte wütend auf sie sein, sie hassen. Und so wird er es auch tun.
Dann war Christiane gekommen. Sie wollte nur mal eben hereinschauen. Robert gelang es, den Streit zu vertuschen; er spielte den besorgten Ehemann. Christiane merkte nichts, er war eben ein großer Heuchler. Aber nun wurde Melanie mit ihrer krankhaften Eifersucht mißtrauisch. Es reichte. Robert beschloß es zu tun.
Er goß ihr Kaffee ein. Heimlich ließ er das Gift in die Tasse fallen. Sie merkte, daß etwas in der Tasse war. Er tat aber so vollendet harmlos, daß sie den Kaffee trank.
Nach zwei Minuten war sie tot. Na also, dachte Robert und trug sie in ihr Bett.

3. Fürsorgliche Kaffeemischung

Wieder einmal hatten sie sich gestritten. Leider. Eigentlich hatte sie ja nur eine halbe Stunde lang hysterisch geschrien, und Robert war besorgt darum bemüht gewesen, sie zu beruhigen. Es war wieder einmal schlimm für ihn gewesen.
Da war auch noch Christiane gekommen. Sie sollte nicht wissen, wie es um Melanie stand. So hatte er versucht, ihren Streit zu vertuschen. Nur hatte sie das aufs neue wütend gemacht. Wenn er sie jetzt nicht zur Ruhe brachte, konnte er sie morgen wieder in die Klinik bringen! Er mußte etwas tun, so schwer es ihm fiel.
Er goß ihr Kaffee ein. Heimlich ließ er ein Schlafmittel in die Tasse fallen. Sie merkte, daß etwas in der Tasse war, war aber so erregt, daß sie nur noch ihre Wut kannte und den Kaffee trank.
Nach zwei Minuten war sie eingeschlafen. Robert atmete erleichtert auf und trug sie behutsam in ihr Bett.

Probleme mit dem Kaffeetrinken

Nehmen wir einmal an, „Kaffeetrinken" sei die ursprüngliche, etwas offene Fassung der Geschichte und „Mord am Kaffeetisch" und „Fürsorgliche Kaffeemischung" stellten spätere, verdeutlichende Bearbeitungen dar: Welche der beiden ‚Bearbeitungen' gibt dann den eigentlichen Sinn der ‚ursprünglichen Fassung' wieder?
Antworten Sie, indem Sie selbst eine dritte Bearbeitung schreiben: „Melanies Kaffeegeschichte", bei der Melanie in der Ich-Form erzählt, wie das Ganze sich für sie darstellt (falls sie umgebracht wird, lassen Sie sie auch ihr Sterben erzählen, das ist in der Literatur nichts Unübliches;[18] vielleicht spielt sie alles aber auch nur).

Wenn Sie „Melanies Kaffeegeschichte" geschrieben haben, dann haben wir Beispiele für die vier wichtigsten Erzählformen zusammen (eine Ich- und drei Er-Erzählformen) und können sie nun miteinander vergleichen:

Beginnen wir mit der Beantwortung der Frage in der Arbeitsanregung: Welche der beiden verdeutlichenden ‚Bearbeitungen', 2 oder 3, gibt den eigentlichen Sinn der ‚ursprünglichen Fassung' 1 wieder? Die Antwort ist: beide. „Kaffeetrinken" ist so geschrieben, nämlich so offen oder neutral erzählt, daß nach ihm Text 2 wie 3 (bzw. mehr nach Text 2 wie mehr nach Text 3 neigende Eigenproduktionen von „Melanies Kaffeegeschichte") möglich wären:

In **Text 1 „Kaffeetrinken"** referiert der Erzähler nur die Gespräche, die er hört, und beschreibt die Handlungen, die er wahrnimmt. Er weiß aber nicht, wer die Personen ‚an sich' sind und was sie ‚eigentlich' wollen und tun. Er weiß beispielsweise nicht, ob Robert ein heuchlerischer Mörder oder ein fürsorglicher Ehemann ist, denn das läßt sich an dem, was Robert sagt und tut, nicht zweifelsfrei ablesen. Der Erzähler von „Kaffeetrinken" schaut nicht ins Innere der Personen, er weiß deshalb auch nicht, was sie denken, fühlen, wollen. Wie ein zuverlässiger unparteiischer Augenzeuge kann er nur **‚neutral'** berichten, was er gehört und gesehen hat.

Mit diesem ‚neutralen' Erzählen von Text 1 haben wir einen wichtigen Typ des Er-Erzählens aufgefaßt; Text 2 und 3 bilden die anderen Typen des Er-Erzählens. Um auch sie und das Ganze etwas systematischer zu fassen, ziehen wir eine Unterscheidung heran, die Todorov (nach J. Pouillon) getroffen hat und die sich an dem Verhältnis des **Erzählers** zu den von ihm erzählten **Personen** orientiert:[19]

1. Der Erzähler weiß mehr als die von ihm erzählte Person. Er sieht in ihr Inneres, er weiß, was sie denkt und fühlt, er durchschaut ihre Absichten. Er überschaut im Prinzip alles, was geschieht und geschehen wird:
   Erzähler > Person.
2. Der Erzähler weiß so viel und so wenig wie die von ihm erzählte Person. Er erzählt aus ihrer Sicht und von ihrem Standpunkt aus – beispielsweise, weil er sie selbst ist: Erzähler = Person.
3. Der Erzähler weiß weniger als die von ihm erzählte Person. Er kann nur wie ein neutraler Beobachter beschreiben, was er sozusagen von außen wahrnimmt, was er sieht und hört:
   Erzähler < Person.

Der **3. Formtyp** ist offenbar derjenige, den wir für **Text 1**„Kaffeetrinken" als **neutrales Erzählen** erkannt haben. Betrachten wir nun auch die anderen Texte:

In **Text 2 „Mord am Kaffeetisch"** weiß der Erzähler entschieden mehr als seine Personen; wir haben es also mit dem **1. Formtyp** zu tun: Zunächst weiß er sicher, wie die Personen ‚an sich' sind (Robert etwa ist „ein großer Heuchler", Melanie bestimmt durch „krankhafte Eifersucht"), er sieht in ihr Inneres und weiß genau, was jeder jeweils fühlt, denkt und will. Er durchschaut alles Geschehen und überschaut auch, was zukünftig geschehen wird (die „zukunftsgewisse Vorausdeutung"[20]: „So wird er es auch tun"). Er ist manchmal direkt allwissend. Die Perspektive dieses Erzähltyps ist ganz durch den Autor und seine Erzählautorität: durch die ‚auctoritas' des ‚auctors', bestimmt, weshalb wir beim 3. Formtyp von einem **auktorialen Erzählen** sprechen.

In **Text 3 „Fürsorgliche Kaffeemischung"** besteht offenbar eine andere Erzählsituation als in Text 2: Der Erzähler ist zwar nicht allwissend, aber er sieht ins Innere **einer** Person, Roberts. Er weiß genau, was Robert fühlt („war besorgt ...", „atmete erleichtert auf") und denkt („Sie sollte nicht ...", „wenn er sie jetzt nicht zur Ruhe brachte ..."). Vor allem erzählt er ausschließlich aus seiner Sicht und von seinem Standpunkt aus („Leider.", „schlimm für ihn", „auch noch", „so schwer es ihm fiel" usw.) Der Erzähler weiß so viel und so wenig wie die von ihm erzählte Person: Wir haben es mit dem **2. Formtyp** zu tun. Dieser Erzähltyp erzählt aus der Perspektive einer erzählten Person, erzählt ‚personal', so daß wir von einem **personalen Erzählen** sprechen können.

‚Personal' erzählt bzw. zum 2. Formtyp gehört natürlich auch die **Ich-Erzählform,** also die selbstgeschriebene ‚Bearbeitung' **„Melanies Kaffeegeschichte":** Die Perspektive des Ich-Erzählers ist, wie wir zuvor sahen, die subjektive Perspektive des erlebenden und erzählenden Ich. Und der Ich-Erzähler kann eigentlich nur das wissen und erzählen, was er als Ich erlebt und erfahren hat. Die Ich-Erzählung erzählt also ganz aus der Perspektive des Ich, mithin **personal;** und wenn wir einen ‚personalen' Erzähltyp ansetzen, dann gehört zu ihm zunächst einmal die Ich-Erzählung. Außerdem gehört dazu aber eben auch die eben betrachtete ‚personale' Er-Erzählung.

Die Er-Form erzählt also durchaus nicht nur ‚objektiv', sondern kann auch ‚subjektiv' erzählen. Wie steht es dann aber mit der **‚Objektivität'** der Erzählformen, vor allem der Er-Form? Aus dem, was wir jetzt erarbeitet haben, ergibt sich: Die **Ich-Erzählung** erzählt direkt und authentisch aus der subjektiven Sicht der Person, sie ist gleichsam ‚objektiv subjektiv'. Die **personale Erzählung** erzählt dagegen mehr indirekt und verdeckt personal, doch durch die Er-Form mit einem Anschein oder Anspruch von ‚Objektivität'. Deutlich ‚objektiv' erzählen dagegen die auktoriale und die neutrale Er-Form, aber in verschiedener Weise: Die ‚Objektivität' des **auktorialen Er-Erzählens** beruht auf dem autoritativen Anspruch seines Erzählers, daß er alles weiß und daß daher alles Erzählte ‚objektiv' so ist, wie er es erzählt. Die ‚Objektivität' des **neutralen Er-Erzählens** beruht auf dem Anspruch, nur das zu berichten, was ein zuverlässiger unparteiischer Zeuge eines Geschehens ehrlicherweise – ‚ganz objektiv' – von ihm erzählen kann. Alles das sind natürlich künstliche literarische Veranstaltungen, aber sie bedeuten ganz verschiedene **Erzählhaltungen:** Es ist eben eine andere Erzählhaltung, ob man auktorial, personal oder neutral erzählt; was man erzählt, wird entscheidend durch die bestimmte Erzählhaltung geprägt.

Wegen dieser grundlegenden Bedeutung der Erzählhaltungen für die Darstellung von Wirklichkeit in der Erzählung noch eine Anmerkung zu ihrem **‚erkenntnistheoretischen'** Status: Auktoriale, personale und neutrale Erzählhaltung werden in der Praxis zwar häufig, ja meist vermischt gebraucht, bilden zunächst aber drei Grundmöglichkeiten des Erzählens.[21] Sie sind dabei nicht beliebige Formen, die die Literatur erfunden hat, sondern gründen in entsprechenden Erkenntnisformen, mit denen man Sachverhalte, die man selbst nicht gesehen oder erfahren hat, die man also selbst nicht kennt, von jemand anderem, der sie kennt (hier dem Erzähler), übernimmt, **ihm** nämlich **glaubt.** Sie sind keine religiösen Vorgänge, sondern – nur einen Bruchteil unseres ‚Wissens' kennen wir ja aus eigener Anschauung und Erfahrung – völlig alltägliche, von jedem ständig angewandte Erkenntnisverfahren.[22]

Und nun zwei neutral erzählte Texte und dazu Arbeitsanregungen, die die Möglichkeit geben, im ersten Falle auktoriales, personales und neutrales Erzählen und im zweiten Falle speziell neutrales Erzählen zu erproben:

Gabriele Wohmann: Das stärkere Geschlecht[23]

– Ich war schon ziemlich weit, weißt du, in den Knien und so, da spürt man's zuerst. Weißt du, das war so 'ne Art Generalprobe mit einer ganz anständigen Zahl Tabletten. Hanne streckte ihr Gesicht vor. Ein herrliches Gefühl, weißt du. Neben mir liegt Max fett und schnarchend, und ich spür sein Schwitzen durch die Schlafanzugshosen, und dann die Finsternis, und die Uhr tickt, und die Knie werden richtig weich. Ach, du glaubst ja nicht, wie er mich plagt. Das ist schon ein starkes Stück, wie sich jemand auf seine letzte Stunde freuen muß, weil er so geplagt wird im Leben.

– Ich eß jetzt Torte, sagte Bella, kannst meckern, soviel du willst, und wenn ich noch so traurig bin. Die fette hübsche Hand schnickte nach der Kellnerin. Ich nehm' jetzt ein Stück von der Sahnetorte, sagte sie.

– Mir bringen Sie noch mal dasselbe, sagte Hanne und tippte an die Vollbierflasche. [...]

– Komisch, sagte Bella. [...] Komisch, man legt bis zuletzt noch Wert drauf, ich meine, wie man aussieht und so. Ich hab' wenigstens vor, daß sie mich gut geschminkt und sauber und frisiert finden. Sie lächelte beschämt und sah verwundert aus.

– Warum aber du ausgerechnet es tun willst, ist mir noch nicht ganz klargeworden, sagte Hanne. Sie verstaute Dose und Stift in der Tasche, klickte den Messingverschluß zu. Ihr Mund tauchte in den Schaum des Biers; sie sah unzufrieden auf Bellas wohlgemuten Busen. Du hast doch, wenn man's recht bedenkt, überhaupt keinen Grund, wie?

Bella senkte den Löffel in die weiße Schaumwand der Torte.

– Ach du lieber Himmel, was hab' denn ich vom Leben, sag mir das nur mal. Als Witwe. [...]

– Die ist auch so hell wie drei Glas Dunkle, sagte Moller und deutete in die Ecke, die Bellas großer Körper blond beleuchtete.
– Aber sieht noch gut aus, das kann man sagen. Der schlohköpfige Katter äugte hinüber. Besser als die magere Hanne von Max.
Grinsen dehnte Mollers biergeschwemmtes Gesicht.
– Sind beide nicht mein Fall, sagte er. Die Bella war eine frühere Freundin von meiner Frau nebenbei, hat Pech gehabt damals: zwei Wochen verheiratet, und der Mann stürzt vom Bau. [...] Den Verdacht sind wir Männer nie losgeworden, daß der Bella ihr Mann sich seinerzeit sozusagen, na ja, freiwillig vom Bau runter... Mollers schadenfrohe Hand kurvte schnell durch den Qualm. Die vierzehn Tage sollen dem angeblich gereicht haben, hübsch ist sie, zugegeben, das Haar und die Figur, na ja, aber hell wie drei Glas Dunkler.
Katter starrte hungrig hinüber ins blonde Licht von Bellas Ecke.
– Gewissermaßen eine schöne Frau, sagte er feucht. [...]

– Im Leben einer Frau, sagte Bella sahnig, spielt doch, meine ich, das Gemüt 'ne große Rolle. Das Leben einer Frau braucht doch irgendeinen Halt. Und wenn man keinen hat, so wie ich, ich meine, mit dem man mal reden kann, na ja, dann kann man vor die Hunde gehen.
– Na,ja, sagte Hanne, sie betatschte in kleinen Abständen beide Flammenmale auf den Backen, aber denk nur nicht, wenn dein Mann noch lebte, wär's besser. Ich muß nach wie vor sagen: bevor ich heiratete, war mein Leben erfüllter. Sie hob das Glas, goß zwei Schlucke in den Mund; ein wimmerndes Gegacker rüttelte ihre Schultern. Nein nein, das kann ich dir sagen, Max ist ein Schuft, seelisch und so richtet der mich zugrunde, ein Sadist, das ist nun wirklich kein Leben mehr. [...]

– Das einzige, was einem leid tut dabei, sagte Bella, ist, daß man noch so jung ist mit seinen zweiundvierzig Jahren.
– Alle Menschen müssen sterben, sagte Hanne, alle alle Menschen. Besser, man tut's selber. Mir tut als einziges leid, daß ich nicht dabeisein kann, wenn Max sich grün ärgert und sich schämt und was weiß ich.
Mit kurzen Schritten kam die Kellnerin, sie beugte sich schnell zu Hannes Ohr, flüsterte.
– Ach du liebe Zeit, dieses Bier, rief Hanne, fängt schon an mit der Lauferei, was hab' ich dir gesagt. Sie stieß den Stuhl ab, schlurfte mit fahrigen Bewegungen der Toilette entgegen. Bella lächelte zur Kellnerin auf. Die Kellnerin neigte sich leicht, sie notierte die Preisziffern auf einem rosa Block, dann steckte sie die eine Hand unter die adrette

Schürze, klimperte mit Münzen. Mit einer gleichmäßigen Stimme ohne Erregung sagte sie:

– Ihr Mann ist eben gefunden worden, im Bett. Selbstmord.

Gabriele Wohmann erzählt die Geschichte in **neutraler** Erzählhaltung, die manches und dabei Wesentliches offen läßt (etwa die Ernsthaftigkeit der Selbstmordabsichten, Person und Situation von Max, den Sinn dessen, daß Hanne am Schluß zur Toilette geht usw.):

Wie verstanden, so erzählt

Stellen Sie Ihr Verständnis der Geschichte dar, indem Sie sie in anderer Erzählhaltung neu erzählen (wenn Sie mit einer Klasse oder in einer Gruppe schreiben, sollten Sie die drei Aufgaben unter sich aufteilen):

1. Erzählen Sie die Geschichte in **auktorialer** Er- bzw. Sie-Form. Vermeiden Sie möglichst direkte Rede, verwenden Sie aber Ihr ‚Wissen' darüber, wer Ihre Personen wirklich sind, was sie denken, fühlen und wollen, und stellen Sie auch Gründe und Ursachen ihres Handelns dar.
2. Erzählen Sie die Geschichte in **personaler** Er-Form aus der begrenzten, aber für ihn ‚authentischen' Sicht von Max und von seinem Standpunkt aus.
3. Erzählen Sie in **neutraler** Er-Form die letzte Stunde oder die letzten Minuten von Max (etwa detailliert einige seiner Handlungen und Verrichtungen – nur nicht, was sie bedeuten und bezwecken, oder seinen Part eines letzten Telefongespräches mit seinem Freund, mit der Telefonseelsorge usw.).

Lesen Sie dann Ihre Neuerzählungen vor, und achten Sie darauf, wie durch sie und gegebenenfalls auch durch ihre Erzählhaltung die Erzählung von Gabriele Wohmann ‚interpretiert' wird.

Eine neutrale Erzählhaltung zu wählen, liegt dann besonders nahe, wenn man damit ein Geschehen darstellen will, das für den Erzähler oder für Personen, die von dem Geschehen vor allem betroffen sind, ziemlich undurchschaubar, wenn nicht gar unverständlich ist. In dieser Weise ist vieles Geschehen der Erwachsenenwelt für ein Kind, insbesondere ein Kleinkind, etwas Undurchschaubares, ja Bedrohliches, das es nur hinnehmen und erdulden, aber nicht verstehen kann. Ein Beispiel:

Helga M. Novak: Schlittenfahren[24]

Das Eigenheim steht in einem Garten. Der Garten ist groß. Durch den Garten fließt ein Bach. Im Garten stehen zwei Kinder. Das eine der Kinder kann noch nicht sprechen. Das andere Kind ist größer. Sie sitzen auf einem Schlitten. Das kleinere Kind weint. Das größere sagt, gib den Schlitten her. Das kleinere weint. Es schreit.

Aus dem Haus tritt ein Mann. Er sagt, wer brüllt, kommt rein. Er geht in das Haus zurück. Die Tür fällt hinter ihm zu.

Das kleinere Kind schreit.

Der Mann erscheint wieder in der Haustür. Er sagt, komm rein. Na wirds bald. Du kommst rein. Nix. Wer brüllt, kommt rein. Komm rein.

Der Mann geht hinein. Die Türe klappt.

Das kleinere Kind hält die Schnur des Schlittens fest. Es schluchzt.

Der Mann öffnet die Haustür. Er sagt, du darfst Schlitten fahren, aber nicht brüllen. Wer brüllt, kommt rein. Ja. Ja. Jaaa. Schluß jetzt.

Das größere Kind sagt, Andreas will immer allein fahren.

Der Mann sagt, wer brüllt, kommt rein. Ob er nun Andreas heißt oder sonstwie.

Er macht die Tür zu.

Das größere Kind nimmt dem kleineren den Schlitten weg. Das kleinere Kind schluchzt, quietscht, jault, quengelt.

Der Mann tritt aus dem Haus. Das größere Kind gibt dem kleineren den Schlitten zurück. Das kleinere Kind setzt sich auf den Schlitten. Es rodelt.

Der Mann sieht in den Himmel. Der Himmel ist blau. Die Sonne ist groß und rot. Es ist kalt.

Der Mann pfeift laut. Er geht wieder ins Haus zurück. Er macht die Tür hinter sich zu.

Das größere Kind ruft, Vati, Vati, Vati, Andreas gibt den Schlitten nicht mehr her.

Die Haustür geht auf. Der Mann steckt den Kopf heraus. Er sagt, wer brüllt, kommt rein.

Die Tür geht zu.

Das größere Kind ruft, Vati, Vativativati, Vaaatiii, jetzt ist Andreas in den Bach gefallen.

Die Haustür öffnet sich einen Spalt breit. Eine Männerstimme ruft, wie oft soll ich das noch sagen, wer brüllt, kommt rein.

Hier ist durch die extrem distanzierte neutrale Erzählhaltung abgebildet, wie unverstehbar das Handeln des Mannes für seine Kinder ist: etwas, das nun einmal geschieht und hingenommen werden muß. Auf diese Weise wird die Kälte und Verständnislosigkeit des Mannes gegenüber seinen Kindern und sein völliges Unvermögen, sich auf sie einzulassen, dargestellt.

Erleben – und nicht verstehen

Erzählen Sie in streng neutraler Erzählhaltung (sprechen Sie von sich in der Er- bzw. Sie-Form) ein Erlebnis, das Sie als Kind – gegebenenfalls auch als Jugendlicher oder Erwachsener – hatten und das sie seinerzeit nicht oder kaum verstanden haben.

3 Der Leserbezug des Erzählens: Figuren, Raum, Autor- und Leserrolle

3.1 Die Erzählformen, der Autor und der Leser

Wir haben im vorhergehenden Kapitel die Grundformen des Erzählens, haben Ich- und Er-Erzählung und die verschiedenen Erzählhaltungen auktorialen, personalen und neutralen Erzählens behandelt. Dabei haben wir diese Erzählformen einfach wie etwas Gegebenes genommen, wie etwas, das nun einmal in der Literatur vorkommt. Das ist aber eine etwas abstrakte und auch vereinfachende Betrachtungsweise, und zwar in zweierlei Hinsicht:

1. Wie literarische Formen und so auch Erzählformen wirklich funktionieren, was sie leisten und wie sie wirken, erweist sich erst, wenn sie gelesen werden. Was ein Text und seine Erzählformen literarisch konkret sind, sind sie erst, wenn und indem ein **Leser** sie liest.[25]

   Damit ist natürlich nicht gemeint, daß ein Werk der Literatur eigentlich keine eigene literarische Substanz hat und es so mehr oder weniger beim Leser liegt, wie und was er dabei liest. Im Gegenteil:

   Der Leser kann das literarische Werk, will er es ‚wirklich' lesen, nur gemäß der inhaltlichen und formalen literarischen Momente lesen, die den literarischen Text ausmachen. Sie kann er mit größerem oder geringerem Spielraum realisieren und verwirklicht so seine je eigene Leseweise des Textes, doch stets nur innerhalb der literarischen Mittel, mit denen der Autor den Text verfaßt hat. Und das ist die andere Hinsicht, in der unsere Darstellung abstrakt und vereinfachend war:

2. Erzählformen gibt es eigentlich nicht deshalb, weil sie in der Literatur vorkommen. Sondern sie kommen in der Literatur vor, weil Autoren, die erzählen, sie verwendet haben – und zwar deshalb verwendet haben, weil sie für sie bestimmte Funktionen haben, bestimmte Leistungen erbringen und Wirkungen versprechen. Es ist also notwendig, die Erzählformen auch konkreter von dem her zu fassen, was sie für den **Autor,** der in ihnen erzählt, bedeuten.

Machen wir es gleich noch konkreter, und nehmen wir einmal an, **Sie,** die oder der Sie dieses Buch bis hierhin gelesen haben und so verschiedene Erzählformen kennengelernt haben, wollten jetzt eine **Erzählung schreiben.** Es wäre ja möglich, daß Sie sich beispielsweise fragen:

- Welche Erzählform soll ich nun nehmen?
- Was leistet eine bestimmte Erzählform, etwa die Ich-Form, für die Darstellung dessen, was ich erzählen will?

– Und wie wirkt sie auf den oder die, der oder die meine Erzählung liest?
– Was aber würde es leisten, wie würde es wirken, wenn ich eine andere Erzählform, etwa die personale Er-Erzählung wählte?
– Und welcher Unterschied in Leistung und Wirkung bestünde zu der zunächst erwogenen Erzählform, zur Ich-Erzählung?

Und dann entscheiden Sie sich für eine bestimmte Erzählform und schreiben Ihre Erzählung in ihr.

Und wie ist es nun in der **Literatur?** So rational kalkulierend, wie es eben beschrieben wurde, funktioniert es wohl nur ausnahmsweise, aber eben auch nicht völlig wahllos und willkürlich. Wenn es in der Literatur bestimmte Erzählformen ‚gibt', genauer: wenn vorliegende Erzählungen bestimmte Erzählformen aufweisen, dann offenbar deshalb, weil ihr Autor statt möglicher anderer eben diese gewählt hat – gewählt etwa, weil er damit eine bestehende Tradition weiterführen oder verändern oder durchbrechen wollte, gewählt aufgrund von Versuchen, Übung und Erfahrung, aufgrund von mehr oder weniger deutlicher Einsicht in ihre literarische Leistung usw.

Das bedeutet: In der Erzählform einer bestimmten Erzählung steckt immer ein **Autorbezug.** Literarische Formen und so auch Erzählformen sind keine Formen ‚an sich', sondern diejenigen Kunstmittel, mit denen **Autoren** bestimmte **Produktionsabsichten** realisiert haben.

Doch hat nicht nur die literarische Form einen Autorbezug, der Autor hat auch einen **Formbezug;** es besteht da eine Wechselbeziehung: Nehmen wir noch einmal an, **Sie,** wollten etwas schreiben. Dann ist es doch nicht so, daß Sie völlig allgemein und abstrakt nur ‚mal etwas schreiben', ‚irgendwie was erzählen' wollen, sondern Sie wollen ja etwas Bestimmtes erzählen, etwas, das vielleicht unterhaltend oder witzig oder spannend oder belehrend oder ergreifend oder überzeugend oder mitreißend usw. sein soll. Und deshalb erzählen Sie dann nicht einfach drauflos und **wünschen sich** dabei nur, daß das, was Sie da erzählen, unterhaltend oder witzig oder spannend oder belehrend usw. werden möge. Sondern Sie wählen natürlich eine bestimmte Form des Erzählens, die Ihrer Einschätzung nach diese bestimmte Wirkung erzielt. Und Sie können diese Wirkung eben nur erzielen, wenn Sie die bestimmte Form der Erzählung angemessen realisieren. Ein schlichtes, aber jedem vertrautes Beispiel, wie Wolfgang Kayser es beschreibt:

> Es gibt Menschen, die keine Witze erzählen können; sie vermögen es nicht, die Pointe richtig zu formulieren, sie verlieren sich schon vorher in Nebensächlichkeiten, die gar nicht „dazu" gehören, sie bringen es nicht fertig, auf die Pointe hin zu spannen, – sie können eben die Form nicht realisieren, die der Witz als solcher verlangt bzw. ist.[26]

Wer einen Witz oder auch wer witzig erzählen will, muß eine bestimmte Form des Erzählens, hier die des ‚witzigen' Erzählens, beherrschen und realisieren.

Und das kann man nun vorsichtig verallgemeinern: Wer erzählt, erzählt immer mit einer – einfacheren oder (meist) komplexeren – literarischen **Produktionsabsicht,** die er durch die Wahl und Verwendung bestimmter **Erzählformen** realisiert.

Erzählformen sind nicht abstrakte bloße Bestandteile der Erzähltechnik, sondern stets zusammen mit einem Autor und seinen literarischen Produktionsabsichten zu verstehen: sie haben immer konkreten **produktionsästhetischen** Bezug. – Doch ist auch das noch nicht genau genug gesehen:

Wer erzählt, tut das – sehen wir einmal vom Tagebuchschreiben ab – i.a. nicht um des bloßen Erzählens willen, sondern er erzählt etwas, damit es jemand liest. Er erzählt auf **wirkliche** und bekannte, vor allem aber auf **mögliche,** mehr oder weniger genau vorentworfene **Leser** hin. Literarisches Schreiben und Erzählen geschieht also i.a. nicht als Selbstzweck und auch nicht in bezug auf einen abstrakten ‚allgemeinen' Leser, sondern entwirft einen mehr oder weniger genau vorgestellten Leser mit mehr oder weniger bestimmten Leseinteressen und Leseerwartungen, auf den hin es erzählt. Dieser **Leserentwurf** ist dabei kein abstraktes Konstrukt des Autors. Etwas vereinfachend gefaßt: Wenn ein Autor etwas erzählt, das unterhaltend oder spannend oder belehrend oder überzeugend sein soll, dann zielt er damit ja auf einen Leser, der unterhalten oder gespannt oder belehrt oder überzeugt werden soll und hat damit mehr oder weniger deutlich einen Leser mit entsprechenden Leseinteressen und Leseerwartungen vor Augen. Dieser Leserentwurf ist also üblicherweise keine ausdrücklich kalkulierte und reflektierte ‚Konstruktion' eines Lesers, sondern geschieht unausdrücklich durch die Wahl bestimmter Erzählformen, durch die Entscheidung für bestimmte Erzählmittel.

Und das bedeutet: In der Erzählform einer bestimmten Erzählung steckt immer auch ein **Leserbezug.** Literarische Formen und so auch Erzählformen sind keine Formen ‚an sich', sondern diejenigen Kunstmittel, mit denen Autoren bestimmte, von ihnen vorausgesetzte oder vorgestellte **Lesererwartungen** zu erfüllen suchen, um dadurch eine bestimmte **Leseweise** des Lesers zu ermöglichen, nahezulegen, zu fördern, einzurichten und hervorzubringen.

Damit ist nicht gemeint, daß der Leser durch die vom Autor gewählten Erzählformen einlinig, direkt und planbar bestimmt, beeinflußt, gar gesteuert und manipuliert würde – das ist nicht einmal bei gezielt ideologischer, bei propagandistischer und agitatorischer Literatur der Fall. Er gilt hier nach wie vor, was zuvor ausgeführt worden ist: daß Texte als das, was sie literarisch konkret sind, erst vom Leser hervorgebracht werden. Aber Erzählformen sind, wie gesagt, eben auch keine Formen ,an sich'. Sie sind, was sie sind, immer auch wegen ihrer Funktion für ihren Leser, aus ihrer Leistung und ihrer Wirkung auf ihren Leser: Erzählformen haben neben dem **produktionsästhetischen** immer auch einen **rezeptionsästhetischen** Bezug.[27]

Was wir jetzt ausgeführt haben, gilt für die zuvor behandelten Erzählformen und -haltungen, und es wird für jede weitere Erzählform, die wir noch bearbeiten werden, gelten. Wir werden es im folgenden allerdings nicht immer ausdrücklich thematisieren. Deshalb soll nun einmal ausdrücklich der Leserbezug bestimmter Erzählweisen und Erzählformen behandelt werden. Dabei geht es um zwei Hauptkomplexe: einmal um die Figuren- und Raumdarstellung im Erzählen und dann um erzählerische Autor- und Leserrollen.

3.2 Der Leserbezug der Figurenzeichnung

Eine kurze Vorüberlegung: Wir haben bisher Formen des Erzählens behandelt, Formen also, in denen Erzähler erzählen. Man könnte aber fragen: **Was** ist denn eigentlich der Stoff, der Inhalt, die Substanz dessen, was da ,in' diesen Erzählformen erzählt wird? Die nächstliegende Antwort wäre: Die Handlung, das **Erzählgeschehen;** doch befriedigt das nicht so ganz: Ein Geschehen geschieht ja nicht im luftleeren Raum, sondern an bestimmtem **Ort,** und es ist meist kein Naturgeschehen, sondern wird von Menschen, von **Personen** bewirkt. Wolfgang Kayser faßt es so: ,,Geschehen, Figur und Raum sind die drei Substanzschichten in aller Epik".[28] Diese drei ,,Substanzschichten" wollen wir etwas näher betrachten, und zwar daraufhin, welche Bedeutung Figuren und Raum, also **Figurenzeichnung** und **Raumdarstellung** für das Erzählgeschehen haben. Vor allem: welcher **Leserbezug** darin steckt, d.h. welche Lesererwartungen geweckt und wie die Leseweise des Lesers dadurch beeinflußt wird. Beginnen wir mit der Figurenzeichnung:

Ein Wilderer hat einen Jäger erschossen und ist auf der Flucht. Da sieht er vor sich – doch lassen wir ihn selber erzählen:

> Ich sah einen Mann auf mich zukommen. Er war von stattlicher Gestalt. Seine Haut war sonnengebräunt, hell blitzten daraus seine blauen Augen. Er war einfach, doch sauber in einen grünen wollenen Rock gekleidet. In seinem geflochtenen Ledergürtel steckten Messer und Pistole.

Aber in einer anderen Fassung heißt es:

> Ich sah einen wilden Mann auf mich zukommen, der eine große knotigte Keule trug. Seine Figur ging ins Riesenmäßige und die Farbe sei-

ner Haut war von einer gelben Mulattenschwärze, woraus das Weiße eines schielenden Auges bis zum Grausen hervortrat. Er hatte, statt eines Gurts, ein dickes Seil zwiefach um einen grünen wollenen Rock geschlagen, worin ein breites Schlachtmesser bei einer Pistole stak.[29]

Was erwarte ich von dieser Figur?

Der Wilderer wird sich mit diesem Mann zusammentun: Was wird es für ihn bedeuten und welches Ende dürfte er nehmen, wenn er mit dem Mann aus der 1. oder aus der 2. Fassung zusammengeht?
Skizzieren Sie mit wenigen Stichworten (wenn Sie in einer Gruppe arbeiten, können Sie die Aufgabe aufteilen), wie der weitere Lebensweg des Wilderers in dem einen oder anderen Fall aussehen könnte.

Offenbar wird durch das Äußere einer Figur eine bestimmte **Lesererwartung** in bezug auf das geweckt, was sie tun und wie sie die Handlung bestimmen wird, die der Erzählfortgang dann irgendwie befriedigen muß. In diesem Falle wäre es gegen alle Lesererwartung, wenn der Mann aus der 1. Fassung unseren Wilderer geradlinig auf den Weg zum Galgen brächte und wenn der Mann aus der 2. Fassung ihm zu Buße, Einsicht und Läuterung verhelfen würde. Das erfährt man noch deutlicher, wenn man die Erzählfigur selbst geschrieben hat:
Der Wilderer, Christian Wolf, wird als Kind so beschrieben:[30]

> Christian Wolf war der Sohn eines Gastwirts in einer ...schen Landstadt [...] und half seiner Mutter, denn der Vater war tot, bis in sein zwanzigstes Jahr die Wirtschaft besorgen. Die Wirtschaft war schlecht, und Wolf hatte müßige Stunden. Schon von der Schule her war er für einen losen Buben bekannt. Erwachsene Mädchen führten Klagen über seine Frechheit, und die Jungen des Städtchens huldigten seinem erfinderischen Kopfe. Die Natur hatte seinen Körper verabsäumt. Eine kleine unscheinbare Figur, krauses Haar von einer unangenehmen Schwärze, eine plattgedrückte Nase und eine geschwollene Oberlippe, welche noch überdies durch den Schlag eines Pferdes aus ihrer Richtung gewichen war, gaben seinem Anblick eine Widrigkeit, welche alle Weiber von ihm zurückscheuchte und dem Witz seiner Kameraden eine reichliche Nahrung darbot.

Figuren umdrehen I

Schreiben Sie, indem Sie einiges auslassen und anders formulieren (es sollte nichts ganz Neues hinzuerfunden werden), die Beschreibung von Christian Wolf so um, daß eine positive, Sympathie erweckende Figur entsteht.

Wenn Sie dann die beiden Fassungen vorliegen haben, notieren Sie in ein paar Stichworten, wie Sie es für jede Fassung beurteilen, vielleicht auch, worauf Sie es zurückführen, daß (der jeweilige) Christian Wolf früh ins Zuchthaus kommt und schließlich zum Mörder wird.

> Der Rote trug ausgefranste Leggins und ein an den Nähten mit Fransen und Stickereien verziertes Jagdhemd. Die kleinen Füße steckten in Mokassins. Sein langes schwarzes Haar war in einem helmartigen Schopf geordnet, aber mit keiner Adlerfeder geschmückt. Um den Hals hing eine dreifache Kette von Bärenkrallen, die Friedenspfeife und der Medizinbeutel. In der Hand hielt er ein Doppelgewehr, dessen Holzteile mit vielen silbernen Nägeln beschlagen waren. Sein Gesicht, matt hellbraun, mit einem leisen Bronzehauch, hatte fast römischen Schnitt, und die Backenknochen standen nur wenig hervor.[31]

Figuren umdrehen II

Schreiben Sie Karl Mays Beschreibung Winnetous so um, daß eine Antipathie erweckende Feindfigur entsteht. Nehmen Sie nun an, beide Fassungen würden so weitergehen:

> Der Rote führte eine größere Gruppe von Indianern an, die einen Weißen gefesselt und auf einem Pferd festgebunden mit sich führte.

Notieren Sie in ein paar Stichworten, wie Sie für jede Fassung das Verhalten der Indianer dem Weißen gegenüber beurteilen, gegebenenfalls welche Gründe Sie sich dafür vorstellen können.

Wieder ist es so, daß eine bestimmte Zeichnung der Figur bestimmte **Lesererwartungen** für die Handlung weckt, die die Figur bewirken wird oder an der sie beteiligt ist. Bei Christian Wolf als Negativfigur ist es nicht weiter verwunderlich und gewissermaßen konsequent, wenn er ein Verbrecher wird. Bei ihm als Positivfigur ist es aber irgendwie merkwürdig, und man neigt dazu, es als eine Art Irrtum und ihn als Opfer der Justiz, des Milieus oder der Gesellschaft zu sehen. Bei Winnetou als Positivfigur rückt der Weiße schnell in die Rolle des wahrscheinlich zu recht gefaßten und gefesselten Bösen. Dagegen wird der

Weiße, der von der negativen roten Feindfigur mitgeschleppt wird, leicht als Opfer, mit dem man sich solidarisiert, gesehen.

Das bedeutet: Die einzelnen Merkmale der **Figurenzeichnung** sind nicht zufällig, sondern entsprechen – auch ohne jeweils im einzelnen so geplant zu sein – bestimmten **Autorabsichten** und haben bestimmte Funktionen: Unter anderem erwecken sie bestimmte **Lesererwartungen** für die Handlung und prägen so die **Leseweise** des Lesers. Wir haben jetzt allerdings mit recht groben, ja drastischen Merkmalen gearbeitet, doch gilt, was für sie gilt, auch für die feineren und differenzierteren literarischen Mittel, etwa für die Darstellung gestischer, mimischer, psychischer und sozialer Merkmale und Vorgänge. Es darf allerdings nicht einseitig verstanden werden: Der Autor kann eine bestimmte Figur ‚haben' und aus ihr nun eine bestimmte Handlung entwickeln. Es kann aber auch das Gegenteil der Fall sein, daß der Autor ein bestimmtes Geschehen, eine ‚Geschichte' hat, und dazu die sie tragende und hervorbringende Figur erfindet. Und beides kann in Wechselwirkung miteinander geschehen:

Peter Bichsel[32]

Letzte Wirtschaft, kurz vor zwölf: Ich setze mich an einen einzelnen Tisch. Kurz darauf kommt noch ein Gast, ein älterer Mann, er sieht aus wie ein Pfarrer oder wie ein Privatgelehrter [...] – in Wirklichkeit ein Trinker. Er sieht in Gesicht und Haltung recht konservativ aus, trägt einen Manchesterkittel und ein rotes Halstuch. Er nimmt die Zeitung, setzt sich an den Tisch mir gegenüber. Die Serviertochter bringt ein Bier, offensichtlich kommt er immer zu dieser Zeit, er bestellt nicht, er grüsst nicht. Ich möchte gern wissen, wer er ist, und ich möchte gern seine Geschichte wissen. Er sieht aus, wie wenn er eine Geschichte hätte – bei seiner ganzen Würde fällt auf, dass die Bügel seiner Brille aus Elektrikerdraht sind, und das tut seiner Würde keinen Abbruch –, ich wage nicht, ihn anzusprechen, aber wie ich nach Hause gehe, erfinde ich mir seine Geschichte, ich weiss, dass sie nicht wahr ist, aber lassen Sie mir das: Das war der [...]

Eine Geschichte zu einer Figur finden I

Welche „Geschichte" könnte der Mann haben? War er

- der Entdecker des/der ...?
- der Erfinder des/der ...?
- derjenige, der ... getan/erlebt hatte?

Schreiben Sie die „Geschichte" des Mannes.

Eine Geschichte zu einer Figur finden II (Gruppenarbeit)

Oder gehen Sie auf die Straße, suchen Sie sich eine Person, die Sie besonders interessant finden, und beschreiben Sie sie knapp. Erfinden Sie dann zu ihr eine Geschichte: wer sie ist, was sie getan oder erlebt hat, was sie gerade tun oder was sie erleben wird usw.

Sie können die Personenbeschreibung auch in Ihrer Gruppe verlosen, und jeder schreibt eine Geschichte zu einer Person, die ein anderer beschrieben hat.

Elias Canetti hat ein Buch mit höchst ungewöhnlichen Charakterbeschreibungen geschrieben; dies ist das Inhaltsverzeichnis:

Elias Canetti, aus: Der Ohrenzeuge[33]

Die Königskünderin	Die Tischtuchtolle	Die Müde
Der Namenlecker	Der Wasserhehler	Der Verschlepper
Der Unterbreiter	Der Wortfrühe	Der Demutsahne
Die Selbstschenkerin	Die Silbenreine	Die Sultansüchtige
Der Hinterbringer	Der Ohrenzeuge	Die Verblümte
Der Tränenwärmer	Der Verlierer	Der Gottprotz
Der Blinde	Die Bitterwicklerin	Die Granitpflegerin
Der Höherwechsler	Der Saus und Braus	Der Grössenforscher
Die Geruchschmale	Die Mondkusine	Die Sternklare
Die Habundgut	Der Heimbeisser	Der Heroszupfer
Der Leichenschleicher	Der Vermachte	Der Maestroso
Der Ruhmprüfer	Der Tückenfänger	Die Geworfene
Der Schönheitsmolch	Die Schadhafte	Der Mannstolle
Die Mannsprächtige	Die Archäokratin	Der Leidverweser
Der Schadenfrische	Die Pferdedunkle	Die Erfundene
Die Schuldige	Der Papiersäufer	Der Nimmermuss
Der Fehlredner	Die Versuchte	

Ungewöhnliche Charaktere

Wählen Sie einen der Charaktere aus (falls Ihnen keiner zusagt, erfinden Sie selbst einen entsprechenden); beschreiben Sie ihn, wie Sie ihn sich vorstellen, und erzählen Sie eine Geschichte über ihn.

3.3 Der Leserbezug der Raumdarstellung

Es ist nicht nur so, daß die Figuren Erwartungen dazu hervorrufen, wie sie handeln könnten. Auch die Räume, in denen Figuren sich bewegen, wecken Lesererwartungen in bezug auf die Figuren und ihr Handeln:[34]

Wer wohnt hier? (Gruppenarbeit)

Beschreiben Sie ein Zimmer oder einen Raum, in dem Sie wohnen oder wohnen möchten, und zwar so, daß die Atmosphäre des Raums spürbar wird. Sie sollten dabei selbst nicht auftreten.
Die Beschreibungen werden eingesammelt, gemischt und neu verteilt. Jeder beschreibt nun für die Raumdarstellung, die er erhalten hat, die Person, der seiner Ansicht nach das Zimmer oder der Raum gehören könnte, wie sie aussieht, was sie tut und was dort geschieht.
Dann liest jeder die erhaltene Raumbeschreibung und seine Beschreibung der Person und was mit ihr oder durch sie geschieht vor.

Räume in Erzählungen bestehen meist nicht um ihrer selbst willen, sondern sind auf die handelnden Figuren bezogen. Sie werden vor allem deshalb beschrieben, weil sie den Raum darstellen, in dem die Figuren handeln: Raum in Erzählungen ist **Handlungsraum der Figuren.**

Und das ist es, was bei der vorstehenden Arbeitsanregung erfahren werden kann: daß Räume, hier Wohnräume, im **Leser** bestimmte Vorstellungen über die Personen entstehen lassen, die in ihnen leben, und auch Erwartungen in bezug auf das, was sie da tun. Deshalb ist es für denjenigen, der seinen eigenen Wohn- oder Wunsch-Wohnraum beschrieben hat, so aufschlußreich zu erfahren, welche Person ein anderer diesem Raum zuordnet, welches Handeln er in ihm erwartet und wie weit er selbst sich – oder auch verborgene und verdrängte Züge von sich – in ihr wiedererkennt.

Dies, Handlungsraum der Figuren zu sein, ist die unmittelbare Funktion des Raumes in der Erzählung. Erzählräume sind in dem Maße auf die in ihnen handelnden Figuren bezogen, daß derselbe Raum oder Ort ganz verschieden erscheinen kann, je nachdem welche Figur in ihm auftritt und handelt:

Ein Ort, erlebt von verschiedenen Figuren (Gruppenarbeit)

Jeder bringt die Abbildung einer Landschaft (Postkarten, Abbildungen aus einem Buch usw.) mit, die ihm besonders gefällt. Die Abbildungen werden ausgelegt (oder mit dem Episkop gezeigt), und das Bild wird ermittelt, das den meisten zusagt bzw. über das sie schreiben möchten. Nun schreibt jeder in der Er-/Sie-, Ich- oder Du-Form eine Erzählung etwa über

- einen Wanderer,
- einen Maler/eine Malerin,
- einen Verliebten/eine Verliebte,
- einen flüchtigen Sträfling,
- einen Autofahrer/eine Autofahrerin,
- einen Straßenbauer,
- einen Umweltschützer,
- einen im Urwald beheimateten Affen usw.

und wie er/sie die Landschaft des gewählten Bildes sieht und was er/sie in ihr erlebt.

Einen Aspekt des Verhältnisses der Figuren einer Erzählung zum Raum fassen wir etwas genauer: Raumbeschreibung in der Erzählung ist meist mehr als bloße **Deskription** des Schauplatzes der Handlung, sondern steht in engem Bezug zum **Vorgang der Handlung.** Für den Leser läßt ein **Handlungsort** eine **zu ihm passende Handlung** erwarten:

J. Sheridan Le Fanu[35]

Ein idyllischeres Schloß kann man sich nicht vorstellen. Es steht mitten im Wald auf einer kleinen Anhöhe. Die Straße, sehr alt und schmal, führt an einer Zugbrücke, die zu meiner Zeit nie hochgezogen wurde, und an einem fischreichen Burggraben vorbei, auf dem zwischen weißen Wasserlilien stolze Schwäne schwimmen.
Darüber erhebt sich das Schloß mit seinen vielen Fenstern, seinen Türmen und seiner gotischen Kapelle.
Vor dem Tor weitet sich der Wald zu einer unregelmäßigen, sehr malerischen Lichtung, und zur Rechten führt eine steile gotische Brücke über einen kleinen Fluß, der sich durch den dunklen Wald schlängelt.

Alain Robbe-Grillet[36]

Bei der dritten Kreuzung gehe ich nach rechts in eine menschenleere, düstere schmale Straße.
Frei von jeglichem Autoverkehr sowie von parkenden Wagen, lediglich hier und da durch veraltete Straßenlaternen mit gelblichem, flakkerndem Licht beleuchtet und – wie es scheint – sogar von ihren Bewohnern verlassen, bildet diese bescheidene Nebenstraße einen krassen Kontrast zu der großen Avenue, aus der ich gerade gekommen bin. Die Häuser sind niedrig (höchstens einstöckig) und ärmlich, ohne erleuchtete Fenster. Es gibt hier übrigens vor allem Lagerhallen und Werkstätten. Der Boden ist uneben, mit Steinen in altmodischer Weise gepflastert, in sehr schlechtem Zustand, mit Pfützen schmutzigen Wassers in den Vertiefungen.
Ich traue mich nicht weiter in diese enge, langgestreckte Gasse, die so wie eine Sackgasse aussieht: trotz des Halbdunkels erkenne ich eine Mauer ohne Durchgang, die anscheinend das andere Ende absperrt.

Was wird hier passieren?

Wählen Sie einen der beiden Textausschnitte und erzählen Sie weiter, was nun an diesem Ort geschieht.

Ein bestimmter Ort weckt Erwartungen auf bestimmte, zu ihm passende Handlungen. Andererseits bedürfen Handlungen auch einen ihnen angemessenen (und so erwartbaren) Handlungsort:

Was ereignet sich wo?

Dreimal wird eine Berg- oder Gebirgslandschaft beschrieben und was sich in ihr ereignet:
Passen Raumbeschreibungen und Ereignisse zueinander, oder müssen sie ausgetauscht bzw. anders zugeordnet werden?

1a Endlich ging der Pfad gar bergauf, und war ein ordentlicher Waldsteig geworden. […] Der Pfad klomm unverdrossen hinan, war sehr schön, war immer gleich schwarz, war gut ausgetreten, und lief immer vor Tiburius her. […] Endlich war es Abend geworden, unheimliche Amselrufe tönten, und Tiburius ging eingehüllt weiter. Unten hörte man rauschen, um einen der größten Steine, die auf Erden möglich sind, ging der Weg noch hinum, stürzte dann jäh ab, wurde sandig und geröllig, an seinen Seiten wucherte lustiges Gebüsch, und mit einem Male war der Wald aus. Die Sonne ging eben unter, drüben stand eine lodernde Felswand, eine stäubende Wassermasse stürzte neben ihr brodelndes Gold hinab, und hinter einem dunklen Walde war ein ferner Berg mit drei wunderschönen, rosenfarbenen Schneefeldern.[37]

1b Aber nur solange das Licht im Tale lag, war es ihm erträglich; gegen Abend befiel ihn eine sonderbare Angst, er hätte der Sonne nachlaufen mögen. Wie die Gegenstände nach und nach schattiger wurden, kam ihm alles so traumartig, so zuwider vor: es kam ihm die Angst an wie Kindern, die im Dunkeln schlafen; es war ihm, als sei er blind. Jetzt wuchs sie, der Alp des Wahnsinns setzte sich zu seinen Füßen: der rettungslose Gedanke, als sei alles nur sein Traum, öffnete sich vor ihm; er klammerte sich an alle Gegenstände.

*

2a Aber jetzt senkte die Sonne sich am wolkenlosen Abendhimmel tiefer hinter den Saum des westlichen Hochgebirges, und nun begann das eigentliche Glühen der Alpen. Die Luft war milde und rein. Der ganze Himmel, aus dessen Räumen der große Riesenball des ewigen Lichtes eben entrollt war, glühte wie ein unermeßliches Feuermeer. Es war, als hätte sich der Vorhang der jenseitigen Verklärung aufgerollt; als sei die Sonne vor der Milde ihres Schöpfers auseinandergeschmolzen; als verlöre sich der Blick des Sterblichen in dem Allerheiligsten des höchsten Gottes.[38]

2b – ein Mädchen war es, ihrer Kleidung nach zu urteilen, ein Bauernmädchen der dortigen Gegend. [...] sie hatte ein schwarzes Mieder und ein blauwollenes Röckchen an, daraus die weißen Strümpfe und die groben, mit Nägeln beschlagenen Bundschuhe hervorsahen. Neben ihr, fast auf dem schwarzen Wege, lag ein weißes großes Tuch, das sich recht magisch in der grünen, umgebenden Dämmerung ausnahm – oder vielmehr nicht ein Tuch lag da, sondern es war um ein Körbchen gehüllt und geschlungen, das hervorsah, und eingefüllte Erdbeeren zeigte. [...]

Er trat ganz nahe zu ihr hinzu, und redete sie sogar an. „Willst du mir vielleicht“, sagte er, „von diesen Erdbeeren da einen ganz kleinen Teil verkaufen, so tust du mir einen Gefallen.“

Sie schlug bei dieser Anrede die Augen auf, und schaute ihn klar und unerschrocken an. „Ich kann Euch keine Erdbeeren verkaufen“, sagte sie; „aber weil Ihr nur einen ganz kleinen Teil wollt, so kann ich Euch denselben schenken.“

*

3a [...] durch das Tal: breite Bergflächen, die aus großer Höhe sich in ein schmales, gewundnes Tal zusammenzogen, das in mannigfachen Richtungen sich hoch an den Bergen hinaufzog; große Felsenmassen, die sich nach unten ausbreiteten; wenig Wald, aber alles im grauen, ernsten Anflug; eine Aussicht nach Westen in das Land hinein und auf die Bergkette, die sich grad hinunter nach Süden und Norden zog und deren Gipfel gewaltig, ernsthaft oder schweigend still, wie ein dämmernder Traum, standen. Gewaltige Lichtmassen, die manchmal aus den Tälern, wie ein goldner Strom, schwollen, dann wieder Gewölk, das an dem höchsten Gipfel lag und dann langsam den Wald herab in das Tal klomm oder in den Sonnenblitzen sich wie ein fliegendes, silbernes Gespenst herabsenkte und hob; kein Lärm, keine Bewegung, kein Vogel, nichts als das bald nahe, bald ferne Wehn des Windes. Auch erschienen Punkte, Gerippe von Hütten, Bretter mit Stroh gedeckt, von schwarzer, ernster Farbe.[39]

3b Mimili aber stand vor dem Zauberbilde der Natur in stillem Staunen verloren. [...] Da gewältigte mich ihr namenloser Liebreiz, ich umschlang das schöne Mädchen und drückte ihr, berauscht von dem Entzücken der Abendfeier, den ersten Kuß auf die süßen Lippen. Sie aber sank schweigend an meine Brust [...].
Ich küßte den Pfirsich-Sammet ihrer Wangen, die Purpurwürze ihrer Lippen, das Lilienweiß ihres schönen Halses. Sie hielt mich schweigend mit beiden Armen umschlungen, und das süßeste Verlangen der keuschesten Liebe funkelte in der veilchenblauen Tiefe ihres schmachtenden Blickes.

Dreimal dieselbe Landschaftskulisse, eine Berg- oder Gebirgslandschaft, vor der sich Unterschiedliches ereignet: geistige Verstörung, eine zaghafte erste Begegnung, der leidenschaftliche erste Kuß. Offenbar passen Raumbeschreibung und Erzählhandlung, so wie sie jetzt abgedruckt sind, nicht zueinander; **Lesererwartungen,** die durch die Raumbeschreibungen geweckt werden, werden durch die Erzählhandlungen nicht erfüllt. Das liegt zunächst daran, daß Texte von Autoren mit sehr unterschiedlicher literarischer Orientierung miteinander vermischt wurden: Adalbert Stifter, der – seinerzeit – berüchtigte Erfolgsautor H. Clauren und Georg Büchner. Doch auch davon abgesehen sind die beschriebenen Räume und die in ihnen stattfindenden Ereignisse, so wie sie jetzt einander zugeordnet sind, inkongruent, ja dissonant:

1. Zu der fremden und wilden Naturhaftigkeit und Schönheit des Waldsteigs (die den kranken Helden der Erzählung dann gesunden lassen) paßt nicht die Beängstigung, gerade diese so reale und heilende Naturlandschaft sei nur geträumt, sei Wahnvorstellung.
2. Zu dem religiös stark überhöhten, stimmungshaft und emotional völlig überladenen Alpenglühen paßt nicht der insgesamt schlichte Vorgang einer zaghaften ersten Begegnung.
3. Zu der ernsten, strengen, abweisenden und teilweise ins Traumhafte und sogar Gespenstische übergleitenden Gebirgslandschaft paßt nicht die überschwappende Emotionalität dieses ersten Kusses.

Die richtige Anordnung ist: 1a - 2b, 2a - 3b, 3a - 1b. Und liest man die Texte so, erkennt man, wie nun Raumbeschreibungen und Erzählhandlungen miteinander kongruieren.

In allen Fällen, und damit kommen wir zu einem weiteren Aspekt, sind nicht nur Räume, in diesem Falle Berg- und Gebirgslandschaften, einfach beschrieben, sondern ihre Beschreibung vermittelt jeweils eine bestimmte **Stimmung,** eine besondere **Atmosphäre** – diejenige Stimmung oder Atmosphäre nämlich, die der Erzählhandlung entspricht, die in dem betreffenden Raum stattfindet: Raum ist in Erzählungen meist **atmosphärisch bestimmter Raum** („gestimmter Raum“[40]) und erweckt im **Leser** die Erwartung auf eine seiner besonderen Atmosphäre entsprechende Erzählhandlung. Doch erfährt man das intensiver, wenn man selbst einmal solche atmosphärisch bestimmten Erzählräume entwirft:

Erzählräume-Baukasten

Erzählungen, die aus den folgenden vier Erzählkernen zu entwickeln wären, sollen in der Natur spielen. Wählen Sie einen der Erzählkerne und erwägen Sie kurz, was Sie (in der – fingierten – Ich-Form) zu ihm schreiben könnten:

1. Sie lernen Ihren ersten Freund/Ihre erste Freundin kennen, oder Sie haben mit dem Mann/der Frau Ihres Lebens ein erstes Zusammentreffen ...
2. Sie haben eine dramatische und folgenreiche, vielleicht auch unvorhergesehene Begegnung ...
3. Sie sind die Stadt/den Zivilisationsrummel/die Konsumgesellschaft leid und flüchten in die Natur ...
4. Sie sind ganz verzweifelt und wissen keinen Ausweg mehr/Sie verfluchen die Welt und wollen alles hinwerfen ...

Würfeln Sie nun einmal und dann noch sechsmal und sehen Sie in dem ‚Erzählräume-Baukasten' nach, welchen Ort (1. Rubrik) und welche genaueren Bestimmungen dieses Ortes (2.-7. Rubrik) Sie gewürfelt haben:

Erzählräume-Baukasten

	1.Ort	2. Licht	3. Witterung	4. Wasser	5. Bäume	6.Blumen / Pflanzen	7.Tiere
1.	Berg	Abendrot	klarer Himmel	Bach	Apfelbaum	Astern	Bienen
2.	Garten	Dämmerung	Nebel	Fluß	Eiche	Efeu	Reh
3.	Grotte / Höhle	Mondlicht	Regen	Meer	Linde	Rosen	Schlange
4.	Tal / Schlucht	Morgensonne	Wind / Sturm	Quelle	Tanne	Unkraut	Schaf
5.	Wald	Nacht	Windstille	Teich	Trauerweide	Veilchen	Schwan
6.	Wiese	Tag	Wolken	Wasserfall	Zeder	Wein	Vögel

Überlegen Sie, ob das, was Sie da erwürfelt haben, für Ihre Erzählung paßt, oder ob Sie vielleicht lieber

a) für Ihren Ort einige andere Bestimmungen (in der 2.-7. Rubrik) wählen oder sogar
b) einen anderen Ort (1. Rubrik) wählen sollten.

Schreiben Sie nun mit dem erwürfelten oder gewählten Ort und mit den erwürfelten oder gewählten Ortsbestimmungen Ihre Erzählung. (Wenn Sie aber nur einfach Erfahrungen im Umgang mit Erzählräumen machen möchten, genügt es auch, wenn Sie mit dem Baukasten Ortsbestimmungen auswürfeln und zu ihnen eine Geschichte schreiben.)

Ein Raum ist in der Erzählung i.a. nicht nur der faktische Ort, der Schauplatz (das „Lokal“[41]), wo etwas stattfindet, sondern dieser Ort oder Schauplatz ist nach verschiedenen Hinsichten näher bestimmt, ist differenziert, ausgestattet, bevölkert usw. und wird dadurch zu einem **atmosphärisch bestimmten Raum.** Die einzelnen Elemente dieser atmosphärischen Bestimmtheit des Raumes sind dabei nicht beliebig. Wenn sie aber einmal wirklich beliebig oder zufällig sind, und das sollte die Arbeit mit dem ‚Erzählräume-Baukasten' deutlich machen, dann sind sie oft nicht mehr stimmig und müssen vertauscht oder verändert werden, um so eine – wenn auch noch so weite – Einsinnigkeit der atmosphärischen Elemente zu erreichen. Und das war ja auch mit dem Baukasten möglich: Man konnte für seine Erzählvorgänge vom klassischen ‚lieblichen Ort' (dem locus amoenus) der Antike und des Mittelalters[42] („Garten – Morgensonne – klarer Himmel – Quellen – Linde – Rosen – Reh“) bis zum finster-bedrohlichen Ort („Schlucht – Nacht – Sturm – Wasserfall – Trauerweide – Efeu – Schlange“) Orte mit vielerlei Atmosphären zusammenstellen. Der erzählte Raum ist durch tendenzielle **Einsinnigkeit** seiner atmosphärischen Elemente geprägt und bewirkt dadurch bestimmte und gezielte Erwartungen des **Lesers** in bezug auf die Erzählhandlung. – Noch ein weiterer Aspekt:

Hermann Hesse, aus: Hermann Lauscher[43]

Über Tübingen hing eine schwarze, verwölkte Novembernacht. Sturm und Sprühregen klirrte und zitterte durch die engen Gassen, aufflakkernde rote Laternenlichter glänzten trüb auf dem nassen Pflaster wider. Trüb und schwarz mit zwei, drei kleinen roten Fensteraugen lag das alte Schloß wie ein halbschlafendes träges Untier auf seinem langen Hügel, Fetzen von Wolkenschleiern um die spitzen Dächer. In den großen, ernsten Alleen standen die alten Kastanien, Linden und Platanen kahl und hager im Sturm wie eine trübselig standhafte Armee von Greisen. Blätterwirbel trieben über die feuchten Wege, faul und grau lagen die großen Herbstwiesen, an den Rändern da und dort von einer windscheuen Laterne zackig und roh beleuchtet. Der langgezogene, müde Pfiff des letzten Reutlinger Zuges drang vom nahen Bahnhof durch die schwere Luft und paßte mit seinem heiseren, hinsterbenden Geräusch vortrefflich in die Tonart des ganzen Abends.

Diese Beschreibung von Stadt und Schloß Tübingen am Beginn eines Romankapitels soll offenbar eine bestimmte Atmosphäre, „Tonart" sagt Hesse, darstellen; sinntragend sind dafür u.a. „schwarze, verwölkte Novembernacht – trüb – trüb und schwarz – halbschlafendes träges Untier – ernst – kahl und hager – trübselig – faul und grau – müde – hinsterbend". Es ist eine von Trübsinn, Traurigkeit und Tod bestimmte depressive Stimmung – die aber das folgende Erzählgeschehen zunächst wenig zu prägen scheint: „Zwei junge Männer, die jetzt von der unteren Neckarbrücke her durch die Platanenallee gegangen kamen, blickten lachend hinüber [zur Stadt]"[44] und begeben sich ins nächtliche Studententreiben von Tübingen. Der Leser könnte sich fragen, welche Funktion da die vorangestellte Raumschilderung hat. Am Schluß des Kapitels gehen die beiden jungen Männer nach Hause:

Jenseits der Brücke lag auf den Stufen zur Ammer köpflings gestürzt ein Mensch. [...] Sie stiegen einige Stufen hinab, Elenderle lag mit dem Gesicht auf den Stufen. Sie hoben ihn auf, geronnenes Blut war auf seinem ganzen Gesicht verschmiert.
„Der ist bös gefallen!" seufzte Aber. Da klirrte etwas am Boden. Aus der starren Hand Elenderles war ein Revolver gefallen, und nun sahen die Freunde auch an der rechten Schläfe einen kleine schwarze Wunde.[45]

Es zeigt sich, daß die Raumbeschreibung zu Beginn des Kapitels übergreifende Bedeutung für das Ganze der Erzählung bzw. der Erzählsequenz hat: Die durch die Raumbeschreibung dargestellte Atmosphäre des Ortes ist Bild, **Symbol** des Gesamtgeschehens. Der Raum bildet so den symbolischen Handlungsrahmen, der das Ganze bestimmt und das Ende mit dem Anfang verknüpft. Damit wird der Raum zum **Bedeutungsraum.** Nun ‚bedeuten' natürlich auch einzelne atmosphärische Elemente etwas, sie weisen auf eine besondere atmosphärische Gesamtbestimmung eines Erzählraums. ‚Bedeutungsraum' im strengen Sinne ist der erzählte Raum aber nur, wenn die dargestellte Bedeutung übergreifenden symbolischen Belang für das Ganze der Erzählung oder Erzählsequenz hat und entsprechende Erwartungen des Lesers entstehen läßt – so wie in dem angeführten Beispiel Hesses die depressive Gestimmtheit des Ortes Symbol des insgesamt tragischen Erzählgeschehens ist.[46]

Ähnlich haben beispielsweise im Schauerroman Häuser und Schlösser, die Schrecken und Bedrohung ausstrahlen, **symbolische Bedeutung** für das Schauerliche und Gräßliche, haben labyrinthische Bauwerke symbolische Bedeutung für äußere oder innere Ausweglosigkeit, die ein Roman insgesamt darstellen will, und wecken entsprechende Erwartungen im Leser. Oder ein nachdrücklich gezeichnetes ‚Milieu' hat symbolische Bedeutung für die prägende Wirkung dieser Umwelt auf die handelnden Personen. Vor allem aber sind viele elementare Natursymbole wie Feuer, Wasser, Fluß, Meer, Berg, Wald, Höhle, Haus usw. nicht nur Elemente des Stimmungsraums, sondern können eigene, mehr oder weniger übergreifende symbolische Bedeutung für die Erzählung oder Erzählsequenz aufweisen. (Dann wie aber auch in vielen anderen Fällen vermischen sich allerdings atmosphärische Funktion und Bedeutungsfunktion des erzählten Raums und deren Erwartung.)

An bedeutungsschwerem Ort ...

Jemand – das können auch Sie selbst sein – erlebt etwas, das durch ein starkes Gefühl oder eine besondere Gestimmtheit getragen ist oder sie auslöst, ein Gefühl von

- Angst und Bedrohtheit,
- Ausweglosigkeit und Hoffnungslosigkeit,
- Verlassenheit und Alleinsein,
- Geschütztsein und Sicherheit,
- Unbeschwertheit, Sorglosigkeit und Freude,
- Ungebundenheit und Freiheit usw.

Erzählen Sie seine/Ihre Geschichte und wählen Sie dafür einen Ort, den Sie als bedeutungsvoll für diese Art seiner/Ihrer Gestimmtheit empfinden, etwa:

– ein verfallenes Haus/Schloß, eine zerfallene Fabrik,
– ein labyrinthisches Gebäude,
– ein verlassenes Dorf, eine zerstörte Stadt,
– eine abgelegene kleine Insel, eine einsame Berghütte,
– eine versteckte Höhle,
– einen weiten Meeresstrand,
– einen lebhaften Bahnhof/Hafen/Flugplatz usw.

3.4 Leser- und Autorrollen beim Erzählen

Eine besonders nachdrückliche Art, einen Leserbezug herzustellen und den Leser in seinem Lesen zu beeinflussen, besteht darin, den **Leser** als solchen **anzusprechen** und dabei in bestimmter Weise zu entwerfen, ihm nämlich ausdrücklich die **Rolle** zuzuschreiben, in der er lesen sollte. „Die Leiden des jungen Werthers" beginnen:[47]

> Was ich von der Geschichte des armen Werthers nur habe auffinden können, habe ich mit Fleiß gesammelt, und leg' es euch hier vor, und weiß, daß ihr mir's danken werdet. Ihr könnt seinem Geist und seinem Charakter eure Bewunderung und Liebe, seinem Schicksale eure Tränen nicht versagen.
> Und du gute Seele, die du eben den Drang fühlst wie er, schöpfe Trost aus seinem Leiden, und laß das Büchlein deinen Freund sein, wenn du aus Geschick oder eigner Schuld keinen nähern finden kannst.

Hier wird der empfindsame Leser entworfen, der in der Leserrolle von Gefühlsbewegtheit und literarischer Tröstung lesen soll. Die Continuatio des „Abenteuerlichen Simplicissimus" beginnt:[48]

> Wenn sich jemand einbildet, ich erzähle nur darum meinen Lebenslauf, damit ich einem und anderem die Zeit kürzen, oder wie die Schalksnarrn und Possenreißer zu tun pflegen, die Leut zum Lachen bewegen möchte, so findet sich derselbe weit betrogen! denn viel Lachen ist mir selbst ein Ekel, und wer die edle ohnwiederbringliche Zeit vergeblich hinstreichen läßt, der verschwendet diejenige göttliche Gab ohnnützlich, die uns verliehen wird, unserer Seelen Heil in und vermittelst derselbigen zu wirken [...]. Mein lieber Leser, ich bedünke mich gleichwohl zu solcher Profession um etwas zu gut zu sein, wer derowegen einen Narren haben will, der kaufe sich zween, so hat er einen zum besten.

Hier wird der religiös bestimmte, der an seinem Seelenheil interessierte Leser entworfen. Und gleichzeitig wird der Leser abgewiesen, der in der Rolle, vergnüglich und kurzweilig unterhalten zu werden, liest. Das gibt es häufiger. Berühmt ist die Stelle im „Tristram Shandy", in der der Erzähler eine Leserin, wie er sie nicht haben will, selbst auftreten läßt:[49]

> Wie konnten Sie nur so unaufmerksam beim Lesen des letzten Kapitels sein, Madame? Ich habe Ihnen darin gesagt, daß meine Mutter keine Papistin war. – Papistin! Sie haben mir nichts dergleichen gesagt, Herr! – Madame, ich bitte um die Erlaubnis, Ihnen zu wiederholen, daß ich es zum mindesten so deutlich gesagt habe, wie nur Worte so etwas, wenn Sie daraus Schlüsse zu ziehen wissen, auszudrücken vermögen. – Dann muß ich eine Seite übersehen haben. – Nein, Madame, Sie haben nicht ein einziges Wort übersehen. – Dann muß ich geschlafen haben. – Mein Stolz, Madame, würde es nicht über sich bringen, Ihnen diese Ausflucht zu erlauben. – Dann erkläre ich, daß ich nichts von allem weiß. – Genau das ist es, was ich Ihnen vorwerfe. Und als Strafe dafür bestehe ich darauf, daß Sie sofort bis zum nächsten Absatz zurückblättern und das ganze Kapitel noch einmal lesen. Ich habe der Dame diese Buße weder aus Übermut noch aus Grausamkeit auferlegt, sondern aus dem besten aller Motive und werde sie darum auch nicht um Verzeihung bitten, wenn sie wiederkommt; es ist nur geschehen, um eine schlechte Angewohnheit zu strafen, die sich so vieler Menschen neben ihr bemächtigt hat: die Angewohnheit, einfach drauflos zu lesen, mehr das Abenteuerhafte als jene Bildung und Kenntnis suchend, welche ein Buch dieser Art, wenn es so gelesen wird, wie es gelesen werden soll, unfehlbar dem Menschen mitteilen müsse.

Als die Dame zurückkommt und ihr immer noch nichts aufgefallen ist, muß der Erzähler sie darüber aufklären, was in dem vorhergehenden Kapitel besagte, daß seine Mutter keine Katholikin war (er hatte erst geboren werden müssen, bevor er getauft werden konnte – was nach katholischem Ritual nicht nötig ist). Er hofft nun, die Leser „möchten durch dieses ihr Beispiel angehalten werden, nicht nur zu lesen, sondern auch zu denken."

Gleichzeitig mit dem (textinternen) Entwurf des Lesers in einer bestimmten Leserrolle bekundet sich dabei in allen drei Texten ein (textinterner) **Erzähler** in einer bestimmten **Erzählerrolle:** Bei Grimmelshausen als der um ernste, religiös belangvolle Dinge bemühte; bei Sterne als derjenige, dem es – wenn auch mehr scherzhaft – um Bildung und Denken geht. Dabei ist dieser Erzähler nicht einfach der Autor, sondern i.a. eine textuelle Rolle, in die der Autor schlüpft, wenn er erzählt: Der ‚Erzähler' des „Werthers" ist ja nicht Goethe. Goethe hat die Briefe Werthers erfunden. Der Erzähler aber gibt vor, sie aufgefunden, „mit Fleiß gesammelt" und herausgegeben zu haben. Er tritt in der Rolle des Herausgebers von echten Dokumenten auf und will so ein Leseverhalten einrichten, das die empfindsamen Vorgänge des Romans wie reales Geschehen ernstnimmt.

Dies waren Beispiele aus vergangenen Jahrhunderten, in denen **Leseranrede** und ausdrücklicher Entwurf einer bestimmten **Leserrolle** recht üblich waren. Das ist heute nicht mehr der Fall, aber es gab und gibt immer wieder Autoren, die mit Leseranreden und ausdrücklich entworfenen Leser- und Autorrollen arbeiten: Thomas Mann, Alfred Döblin in „Berlin Alexanderplatz", Volker Braun (wie in Denis Diderots „Jacques der Fatalist und sein Herr", dem Vorbild) in seinem „Hinze-Kunze-Roman"[50] und viele andere. Ein extremes Beispiel:

Italo Calvino, aus: Wenn ein Reisender in einer Winternacht[51]

Du schickst dich an, den neuen Roman *Wenn ein Reisender in einer Winternacht* von Italo Calvino zu lesen. Entspanne dich. Sammle dich. Schieb jeden anderen Gedanken beiseite. Laß deine Umwelt im ungewissen verschwimmen. Mach lieber die Tür zu, drüben läuft immer das Fernsehen. Sag es den anderen gleich: „Nein, ich will nicht fernsehen!" [...]
Also worauf wartest du noch? Streck die Beine aus, leg ruhig die Füße auf ein Kissen, auf zwei Kissen, auf die Sofalehne, auf die Ohrenstützen des Sessels, aufs Teetischchen, auf den Schreibtisch, aufs Klavier, auf den Globus. Zieh aber erst die Schuhe aus, wenn du die Füße hochlegen willst. Wenn nicht, zieh sie wieder an. Bleib jedenfalls nicht so sitzen, mit den Schuhen in der einen Hand und dem Buch in der anderen. [...] Tu möglichst alles, um die Lektüre nicht später unterbrechen zu müssen. Leg dir Zigaretten in Reichweite, falls du Raucher bist, einen Aschenbecher. Was fehlt noch? Mußt du vielleicht aufs Klo? Bitte, das weißt du selber am besten. [...]
So bist du nun endlich bereit, dich über die ersten Zeilen der ersten Seite herzumachen. Gleich wirst du den unverwechselbaren Ton dieses Autors wiedererkennen. Nein. Nein, du erkennst ihn nicht wieder. Aber wer sagt denn auch, wenn man's recht bedenkt, daß dieser Autor einen unverwechselbaren Ton hätte? Im Gegenteil, man weiß doch, daß er sich von Buch zu Buch sehr verändert. Und gerade an diesen Veränderungen erkennt man ihn. Hier allerdings sieht es nun aus, als

hätte dies wirklich gar nichts mit dem zu tun, was er sonst so geschrieben hat, jedenfalls soweit du dich erinnern kannst. Eine Entäuschung? Wir werden sehen. [...] Dann aber liest du weiter und merkst, daß die Sache immerhin lesbar ist, unabhängig von deinen Erwartungen an den Autor; ja das Buch selber macht dich neugierig, und wenn du's recht bedenkst, ist dir's auch lieber so, nämlich etwas vor dir zu haben, von dem du noch nicht genau weißt, was es ist.

Der eigenliche Gag des Romans, der stets und ständig mit dem Leser spielt, wird so allerdings nicht erkennbar, und man kann ihn auch kaum nachgestalten. Aber einen Diskurs des Autors mit dem Leser wie bei Sterne und Calvino oder doch wenigstens in der **Du- oder Sie-Form,** also mit direkter Leseranrede zu schreiben, sollte man selbst einmal versuchen. Hier drei verschiedene Modelle, bei denen es naheliegt:

Leseransprache in der Du- oder Sie-Form und Autorbekundung haben oft die Funktion, dem Leser die Wahrheit des Erzählten und die Glaubwürdigkeit des Erzählers zu beteuern – und das auch und gerade bei Geschichten, die besonders gelogen sind. So beschließt Münchhausen einen Bericht über seine Reise zum Mond:[52]

> Ich gestehe, diese Dinge klingen seltsam; aber ich stelle es jedem, der den geringsten Zweifel hat, frei, selbst nach dem Monde zu gehen und sich zu überzeugen, daß ich der Wahrheit so treu geblieben bin als vielleicht nur wenige andere Reisende.
> Wenn ich Ihren Augen trauen darf, so möchte ich wohl eher müde werden, Ihnen sonderbare Begebenheiten meines Lebens zu erzählen, als Sie, mich anzuhören. Ihre Gefälligkeit ist mir zu schmeichelhaft, als daß ich, wie ich mir vorgenommen hatte, mit meiner Reise nach dem Monde meine Erzählung schließen sollte. Hören Sie also, wenn es Ihnen beliebt, noch eine Geschichte, die an Glaubwürdigkeit der letzten gleichkommt, an Merkwürdigkeit und Wunderbarkeit sie vielleicht noch übertrifft.

Eine Lügengeschichte, bestimmt nicht gelogen!

Schreiben Sie eine recht drastische Lügengeschichte (oder auch eine ganz groteske und absurde Geschichte) und beglaubigen Sie sie nach Kräften im Gespräch mit dem Leser.

Leseransprache in der Du- oder Sie-Form und Autorbekundung liegen auch dann nahe, wenn man jemandem etwas berichtet oder beschreibt, das ihm besonders fremd ist, um es ihm so nachdrücklicher übermitteln und auch seine eigene ‚Autorität‘ deutlicher herausstellen zu können. So erzählt ein schon länger in der Bundesrepublik lebender Türke seinem in ihrem Heimatdorf in der Türkei lebenden Freund:

Sinasi Dikmen, aus: Wir werden das Knoblauchkind schon schaukeln[53]

Du willst unbedingt wissen, wie ich in Deutschland arbeite und lebe. Ich hatte mir eigentlich vorgenommen, über meine Arbeit und mein Leben in Deutschland nichts zu erzählen, weil manche in unserem Dorf meinen, daß ich angebe. Aber, Du bist mein bester Freund, und ich weiß ganz genau, wenn ich Dir etwas erzähle, findest Du das nicht großsprecherisch. […] Bist Du bereit? Also, dann fange ich an. […]
Montag stehe ich früh auf, zuerst gehe ich auf's Klo, mache meine kleinen und großen Geschäfte, weil ich im Laufe des Tages in der Fabrik dafür keine Zeit haben werde. Weißt Du, in Deutschland gibt es überall Sitzklos. Du hast bestimmt nicht kapiert, was ein solches Sitzklo ist. Wenn Du irgendwas nicht verstanden hast, glotze mich nicht an, sondern frage mich auf der Stelle. Gib zu, Du hast es nicht kapiert, was so ein Sitzklo ist? Also, dieses Sitzklo ist von der Höhe her wie ein halber Stuhl, hat einen Deckel, damit die Deutschen nicht sehen, was drin ist, weil sie ein sehr sensibles Volk sind, unter diesem Deckel noch einen halben Deckel, worauf man sich gemütlich setzen kann. Am Anfang habe ich mich, wie die Hühner sich auf die Stange setzen, hingesetzt und, unter uns gesagt, mich überall beschmutzt. Warum? Was heißt warum? Ich habe nicht richtig zielen können, darum. Wenn man sich aber daran gewöhnt hat, dann ist es ganz leicht, Hose runter, sich darauf setzen. Kannst Du das nicht machen? … Doch, doch, auch Du kannst es. Du brauchst weder darauf zu klettern, wie ich es am Anfang gemacht habe, noch Dich niederzukauern. Wenn Du willst, kannst du darauf, während des Geschäfts, die Zeitung lesen oder ein Buch. Kommt es Dir tierisch vor? Ach, mein Lieber, sonst kommst Du nie zum Lesen.

Aus der Fremde

Berichten oder beschreiben Sie einem Zuhausegebliebenen etwas noch nie Gesehenes, eine befremdliche Begebenheit oder ein fremdartiges Erlebnis, das Ihnen auf einer Reise oder bei einem Aufenthalt in der Fremde begegnet ist, mit der Leseransprache in der Du- oder Sie-Form.

Glauben Sie mir ...!

Erzählen Sie ein Erlebnis, das Sie hatten, für einen bestimmten Leser, der ganz anders ist als Sie, den Sie mit Du oder Sie anreden und dem Sie sich als Erzähler zu erkennen geben, um so sicherer von ihm verstanden zu werden.
Erzählen Sie Ihr Erlebnis etwa

- als Erwachsener einem Kind/Jugendlichen,
- als Mann einer Frau,
- als Deutscher einem Ausländer,
- als sozial Gesicherter einem Ungesicherten,
- als Erfolgreicher einem Gescheiterten usw.

und umgekehrt

Vielleicht erscheinen manchem Leseranrede und Autorbekundung aber immer noch als künstliche literarische Veranstaltungen. Selbstverständliches Merkmal sind sie jedoch im **Briefroman,** einer alten und durch große Beispiele wie die Romane Richardsons, Rousseaus „Neue Heloise", Choderlos de Laclos „Gefährliche Liebschaften", Goethes „Werther" und Hölderlins „Hyperion" ausgewiesenen literarischen Form. Diese Nebenform der Ich-Erzählung erlaubt besonders unmittelbare Aussprache des Ich und direkte Darstellung seiner inneren Erlebnisse. Daher ist es naheliegend und natürlich, wenn sich das (vom Autor erfundene) schreibende Ich oft umfänglich und intensiv in seinen Befindlichkeiten, Erwartungen und Absichten bekundet, bekundet im Gespräch mit seinem Briefpartner (in dem oft der mögliche wirkliche Leser präfiguriert und entworfen ist), den er direkt anspricht, auf den und dessen Art er eingeht und dem er sich verständlich zu machen sucht. Als ein Beispiel der Anfang des ersten Briefs Werthers an seinen Freund und Briefpartner Wilhelm:

Johann Wolfgang Goethe, aus: Die Leiden des jungen Werthers[54]

Am 4. Mai 1771.

Wie froh bin ich, daß ich weg bin! Bester Freund, was ist das Herz des Menschen! Dich zu verlassen, den ich so liebe, von dem ich unzertrennlich war, und froh zu sein! Ich weiß, du verzeihst mir's. Waren nicht meine übrigen Verbindungen recht ausgesucht vom Schicksal, um ein Herz wie das meine zu ängstigen? Die arme Leonore! Und doch war ich unschuldig. Konnt' ich dafür, daß, während die eigensinnigen Reize ihrer Schwester mir eine angenehme Unterhaltung verschafften, daß eine Leidenschaft in dem armen Herzen sich bildete? Und doch – bin ich ganz unschuldig? Hab ich nicht ihre Empfindungen genährt? hab ich mich nicht an den ganz wahren Ausdrücken der Natur, die uns so oft zu lachen machten, so wenig lächerlich sie waren, selbst ergetzt? hab' ich nicht – O was ist der Mensch, daß er über sich klagen darf! Ich will, lieber Freund, ich verspreche dir's, ich will mich bessern, will nicht mehr ein bißchen Übel, das uns das Schicksal vorlegt, wiederkäuen, wie ich's immer getan habe; ich will das Gegenwärtige genießen, und das Vergangene soll mir vergangen sein. Gewiß, du hast Recht, Bester, der Schmerzen wären minder unter den Menschen, wenn sie nicht – Gott weiß warum sie so gemacht sind! – mit so viel Emsigkeit der Einbildungskraft sich beschäftigten, die Erinnerungen des vergangenen Übels zurückzurufen, eher als eine gleichgültige Gegenwart zu ertragen.[...]

Der Briefroman wurde vor allem im Zeitalter der Empfindsamkeit, das selbst eine Briefkultur war, gepflegt. Schon im vorigen Jahrhundert war er selten, benutzt wird er aber noch heute. Ein Beispiel ist etwa „Farfallone. Ein Roman in Briefen" von Anita Albus.[55] Und wenn auch in unserer Zeit immer mehr Menschen immer weniger Briefe schreiben, bildet der Brief als Literaturform aufgrund seiner besonderen Möglichkeiten doch nach wie vor eine wichtige literarische Schreibform. Dafür noch ein Beispiel:

Christoph Hein, aus: Horns Ende[56]

Liebe Mama, ich werde heiraten. Es ist wahr, ich bekomme bald einen Mann. Freust du dich, Mama?
Tante Hedel wird mir einen Bräutigam aussuchen, und ich werde ihn bei ihr kennenlernen. Tante Hedel bestellt mich oft zu sich. Ich helfe ihr, all die schwierigen Fragen zu beantworten. Wenn du wüßtest, Mama, wie wenig die Leute wissen. Sie fragen und fragen, und nur Tante Hedel und ich können ihnen eine Antwort geben. Haben denn all die vielen Leute keine Träume und keine tote Mama, die ihnen erzählen, was sie nicht wissen?
Ich werde heiraten und Kinder bekommen. Ich bin ja nicht verrückt. Ein bißchen verdreht bin ich, sagt Tante Hedel, aber nicht verrückt. Und ein bißchen verdreht im Kopf ist doch jeder, sagt Tante Hedel, das ist kein Grund, nicht zu heiraten.
Aber was werde ich mit Papa machen? Er weinte, als ich ihm sagte, daß ich heiraten werde. Er weinte wohl, weil er allein bleiben wird.

Aber muß ich denn mein Leben lang auf meinen Papa aufpassen, nur weil er verrückt ist, so verrückt, daß er überall in der Stadt erzählt, ich sei verrückt. Stell dir vor, Mama, das erzählt er über seine eigene Tochter. Verrückt, was!
Als ich im Bett lag und wegen der schwarzen Bäume nicht einschlafen konnte, mußte ich an vieles denken. Aber ich erinnere mich nicht mehr. Wirst du zu meiner Hochzeit kommen, Mama? Es wird ein schöner junger Mann sein, den ich heirate. Auch du wirst mich nicht wiedererkennen, Mama, unter dem Schleier, den mir Tante Hedel aufsetzt. Ich sehe dann aus wie ein junges Mädchen, Mama.
Ich habe sie gefragt, ob es Carlos sein wird. Er ist ein so schöner Mann. Aber Tante Hedel war entsetzt. Sie sagt, Zigeunerfrauen kriegen keine Kinder, sondern stehlen sie. Ist das nicht lustig? Die Kinder sind gleich fix und fertig, und man hat keinen Ärger mit ihnen. Vielleicht lügt aber Tante Hedel oder ist ein bißchen verrückt. Ich weiß ja, wie die Leute über sie reden, sie sagen, sie sei eine alte Hexe. [...]
Die Bäume sind so schwarz, und ich muß jetzt um meinen armen Papa weinen. Er ist so verrückt, daß er sagt, ich würde nie heiraten.
Warum hast du mich in den Keller gesperrt, Mama? Die Männer haben nach mir gefragt, sie wollten Marlene haben und nicht dich, Mama. Vergiß nicht, einen Schleier aufzusetzen, wenn du zu meiner Hochzeit kommst, liebe, alte, tote Mama.

Dieser Brief, der Brief einer Geisteskranken an ihre tote Mutter, ist sicherlich ein extremes Beispiel. Doch wird an ihm deutlich, was die Briefform vor allem und das auch heute noch zu leisten vermag: Zunächst die intensive Darstellung von persönlichen Vorstellungen, Wünschen, Ängsten, überhaupt von geistiger und seelischer Befindlichkeit des **‚Briefschreibers'.** Und gleichzeitig über die direkte Ansprache eines **‚Briefempfängers'** die Darstellung dieses Gesprächspartners und damit der genauere Entwurf einer **Rolle,** in der der Brief gelesen werden sollte. Dabei wird, wenn dieser Briefempfänger so allgemein gehalten ist wie im „Werther", die Leseweise des Lesers auch nur allgemein vorentworfen. Wenn dieser Briefempfänger aber eine genauer bestimmte fiktionale Figur ist wie bei Hein, erfolgt zunächst und vor allem ein Lesen in ihrer fiktionalen Rolle, eine Einfühlung in sie und eine Identifikation mit ihr. Dann wird aber diese Leserolle der Figur teilweise in die **eigene Leserolle** übernommen und diese so über die Figur geprägt. Man erfährt das genauer, wenn man einmal selbst in Briefform und vor allem in fiktiver Briefform schreibt:

Liebe(r) ..., ich schreibe Dir jetzt ...

Schreiben Sie einen Brief über sich, etwa über Ihre Vorstellungen, Wünsche, Hoffnungen und Ängste, über Verwandlungen, Siege, Niederlagen, die Sie erfahren haben,

- an Ihren ersten Freund / Ihre erste Freundin,
- an jemanden, die oder den Sie besonders achten,
- an Ihre tote Mutter/Großmutter, Ihren toten Vater/Großvater usw.,

oder – gegebenenfalls auch in der Art von Christine Brückners „Wenn du geredet hättest, Desdemona“[57] –

- an einen lebenden oder toten Dichter, Musiker, Maler, Denker oder eine andere Gestalt der Geschichte und Zeitgeschichte,
- an eine literarische Figur aus einer Erzählung, einem Roman, Drama usw.

Fiktiver Briefwechsel (Partnerarbeit)

Wählen Sie sich in der Gruppe jeder einen Briefpartner. Schreiben Sie an ihn einen recht persönlichen Brief, aber in einer fremden Rolle, etwa

- in der Rolle eines bekannten Stars, Sängers, Schauspielers, Künstlers, Sportlers, Politikers usw.,
- in der Rolle einer bekannten Gestalt aus der Geschichte, eines Entdeckers, Erfinders, Herrschers, Künstlers usw.,
- in der Rolle einer Figur aus einem Märchen, einem Roman, einem Drama, aus einer Oper, einem Film, einer Fernsehserie usw.

Tauschen Sie, wenn Sie fertig sind, Ihre Briefe aus, und antworten Sie auf den Brief, den Sie erhalten haben, wieder in einer fremden Rolle: vielleicht in der Rolle, in der Sie Ihren ersten Brief geschrieben haben, oder in irgendeiner anderen obengenannten Rolle.

4 Zeitstrukturen des Erzählens

4.1 Konventionelle Zeitstrukturen des Erzählens

Die Zeit bildet eines der elementaren Merkmale des Erzählens, und das zunächst in dem Sinne, daß das im Erzählen Erzählte – jedenfalls das konventionell Erzählte – eine unumkehrbare zeitliche Folge, einen Zeitablauf bildet: „Die von jedem narrativen Werk entfaltete Welt ist immer eine zeitliche." (Ricoeur[58]) Das scheint so selbstverständlich, daß man Mühe haben kann, es als strukturell belangvoll aufzufassen. Deshalb sei es zu Beginn an einem Gegenmodell auffällig gemacht:

Ilse Aichinger, aus: Spiegelgeschichte[59]

[In der Erinnerung einer jungen Frau tauchen im Augenblick ihres Todes noch einmal wichtige Ereignisse ihres Lebens auf, und zwar in umgekehrter zeitlicher Reihenfolge, so daß eine Erzählung von der Vision ihres Todes bis zu ihrer Geburt entsteht. Daraus ein Ausschnitt:]

Drei Tage später wagt er nicht mehr, den Arm um deine Schultern zu legen. Wieder drei Tage später fragt er dich, wie du heißt, und du fragst ihn. Nun wißt ihr voneinander nicht einmal mehr die Namen. Und ihr fragt auch nicht mehr. Es ist schöner so. Seid ihr nicht zum Geheimnis geworden?
Jetzt geht ihr endlich wieder schweigsam nebeneinander her. Wenn er dich jetzt noch etwas fragt, so fragt er, ob es regnen wird. Wer kann das wissen? Ihr werdet immer fremder. Von der Zukunft habt ihr schon lange zu reden aufgehört. Ihr seht euch nur mehr selten, aber noch immer seid ihr einander nicht fremd genug. Wartet, seid geduldig. Eines Tages wird es soweit sein. Eines Tages ist er dir so fremd, daß du ihn auf einer finsteren Gasse vor einem offenen Tor zu lieben beginnst. Alles will seine Zeit. Jetzt ist sie da. [...]
Ein Tag wird kommen, da siehst du ihn zum erstenmal. Und er sieht dich. Zum erstenmal, das heißt: nie wieder. Aber erschreckt nicht! Ihr müßt nicht voneinander Abschied nehmen, das habt ihr längst getan. Wie gut es ist, daß ihr es schon getan habt!

Die rückwärtslaufende Zeit[60]

a) Schreiben Sie diesen Textausschnitt so um, daß die richtige zeitliche Abfolge der Ereignisse hergestellt wird. Welche Unterschiede erkennen Sie zwischen den beiden Fassungen?
b) Schreiben Sie dann selbst eine Geschichte mit rückwärtslaufender Zeit, und zwar entweder

- in der Art eines rückwärtslaufenden Films eine kurze Szene, etwa ‚Einkaufen', ‚Essen', ‚Hausbau', ‚Hochzeit', ‚Autounfall' usw., oder
- indem Sie selbst eine Geschichte erzählen, etwa: ‚Die Verabredung', ‚Der Abschied', ‚Ein Verlust', ‚Eine Ferienbekanntschaft' usw., und dann umschreiben.

Ein anderes elementares zeitliches Merkmal des Erzählens ist, daß es – wie alles, was Sprache ist – selbst ein zeitlicher Vorgang ist. Was das bedeutet, hat schon Lessing im „Laokoon" dargelegt:[61] Die Teile eines Werkes der bildenden Kunst, etwa eines Gemäldes, bestehen alle gleichzeitig nebeneinander im Raum; ein Gemälde existiert daher für seinen Betrachter stets gleichzeitig als Ganzes. Die Teile eines Sprachkunstwerks, etwa einer Erzählung, folgen sich dagegen nacheinander in der Zeit; eine Erzählung existiert so für ihren Leser als Ganzes erst im **zeitlichen Nacheinander.** Weil das so ist, sagt Lessing, haben bildende Kunst und Poesie, also etwa die Erzählung, bevorzugte Gegenstände, bevorzugt deshalb, weil sie ihrer jeweiligen Grundstruktur mehr entsprechen.

Beschriebener Schreiber – beschriebenes Schreiben (Partnerarbeit)

Wählen Sie einen Partner und einigen Sie sich darauf, wer welche der folgenden Aufgaben bearbeitet:

a) Beschreiben Sie möglichst genau das Aussehen Ihres Partners.
b) Beschreiben Sie möglichst genau, wie Ihr Partner schreibt, was er nämlich alles macht, bis und wenn er schreibt.

Sie werden i.a. die Erfahrung machen, daß es schwieriger ist, eine schreibende Person als ihr Schreiben zu beschreiben. Warum ist das so? Wir nehmen ein Beispiel hinzu:

Franz Hohler: Durch das Fenster[62]

Zuerst die Zweige des Aprikosenspaliers.
Dann Tropfen vom Dach.
Dann drei Büsche, Tamariske, Holder, Forsythie.
Dann Schnee mit Regen vermischt.
Dann eine unsaftige Februarwiese.
Darauf stehen Apfel- und Birnbäume.
Dann kommen Häuser mit Mansardenfenstern und Fernsehantennen.
In der linken untern Ecke meines Fensters befindet sich ein Bauernhaus, von dem ich nur die Tenne sehe.
Knapp über dem Sims verläuft eine Straße, auf der die Kinder zur Schule gehen. Manchmal fährt auch ein Auto vorbei.
Den untern Viertel meines Fensters beschließt die Seestraße, dort fahren dauernd Autos durch, öfters hupen sie, weil es eine Überholstrecke ist. [...].
Dann kommt der Zürichsee, der links von einer ganz hohen Antenne fast durchschnitten wird.
Soeben fährt ein Zug durchs Fenster, auch er hält sich an die untere Bildhälfte. [...]
Ab und zu passiert ein Ledischiff das Fenster, im Winter kleine Kursschiffe und im Sommer die großen Ausflugsschiffe. Fast immer liegen ein paar Boote im Fenster, in denen Fischer stehen, besonders wenn es regnet.
Dann kommt das andere Ufer, man sieht die Brauerei Wädenswil und die neuen Wohnblockquartiere.
Der Horizont geht ungefähr durch die Mitte, er heißt Gottschalkenberg.
Den oberen Teil des Fensters nimmt der Himmel ein.

Der Erzähler beschreibt, was, und zwar gleichzeitig, durch das Fenster zu sehen ist, im Nacheinander eines „Zuerst – dann – dann – dann – darauf ...". Die Reihenfolge der Beschreibung ist nicht die Anordnung der Gegenstände, die es vor seinem Fenster gibt, sondern die seiner Betrachtungsweise: Er erzählt von vorne nach hinten und von unten noch oben, er hätte aber auch von hinten nach vorne und von oben nach unten, er hätte von links nach rechts oder von rechts nach links oder vom Gesamtbild zu Details usw. erzählen können: Die **Ordnung des Erzählens** ist keine vom Gegenstand selbst angebotene, sondern muß vom **Erzähler** gefunden und gegeben werden. Und da ist es oft schwierig, eine sinnvolle Abfolge der Beschreibungsschritte zu finden, schwierig auch deshalb, weil die Beschreibung leicht reihend (bei Hohler allein siebenmal

„dann") und dadurch monoton und unlebendig werden kann. Lessing empfiehlt deshalb, die reine Abschilderung eines Gegenstandes zu meiden und in eine der Erzählung adäquatere Form, nämlich in einen Vorgang umzuwandeln, so wie Homer, statt den Schild des Achilles zu beschreiben, den Vorgang seiner Herstellung schildert.[63]

Einfacher zu erzählen ist eben ein Ereignis, ein Geschehen, eine Handlung, weil hier mit der Abfolge des Geschehenden eine **zeitliche Ordnung des Erzählens** vorgegeben ist. So sind es auch bei der Arbeitsaufgabe im Falle der Beschreibung des Schreibens Ihres Partners vor allem Vorgänge und Handlungen, die gemäß ihrer Abfolge oder sogar als Gesamtablauf erzählt werden konnten und so schon von sich aus eine gewisse Ordnung des Erzählens lieferten. Sie nachzuvollziehen ermöglichte ein leichteres Schreiben als bei der Beschreibung des Aussehens Ihres Partners, wo diese Ordnung erst zu finden war.

Damit haben wir zwei verschiedene **‚Zeiten'** des Erzählens beschrieben: Zunächst den zeitlichen Ablauf, den das erzählte Ereignis, Geschehen oder die erzählte Handlung bildet, und nun den zeitlichen Vorgang des Erzählens. Wir haben es mithin beim Erzählen (wenigstens) zu tun mit der Zeit, die der Vorgang des Erzählens durch den Erzähler braucht: mit der „Erzählzeit", und mit der Zeit, die der erzählte Geschehens- oder Handlungsablauf beansprucht: mit der „erzählten Zeit";[64] und es kann nützlich sein, beide voneinander zu unterscheiden. Man kann hier auch noch etwas weiter differenzieren und den Leser mit einbeziehen, wie Butor es tut: „[...] sobald wir uns in den Bereich des Romans begeben, muß man mindestens drei Zeiten übereinanderlagern: die Zeit der Ereignisse, die des Schreibens und die des Lesens. Diese Zeit des Schreibens spiegelt sich oft durch die Vermittlung eines Erzählers in den Ereignissen wider. Im allgemeinen nimmt man zwischen diesem verschiedenen Verfließen der Zeit eine Steigerung der Geschwindigkeit an: der Autor gibt uns zum Beispiel eine Zusammenfassung, die wir in zwei Minuten lesen (zu deren Niederschrift er aber vielleicht zwei Stunden gebraucht hat), eine Zusammenfassung eines Berichts, den eine der Personen vielleicht in zwei Tagen gegeben hat und der Ereignisse betrifft, die sich über zwei Jahre erstrecken."[65]

Meist ist – wir arbeiten nun nur mit **einem** Gegensatzpaar – die **Erzählzeit,** in der erzählt wird, kürzer als die **erzählte Zeit,** die oder über die erzählt wird, dann jedenfalls, wenn es darauf ankommt, Geschehnisse, Ereignisse, Handlungen ihren wichtigeren und bedeutungsvollen Vorgängen nach darzustellen. Anders ist es aber schon, wenn beispielsweise Dialoge wiedergegeben werden, wo die Zeit, die es benötigt, sie zu erzählen, annähernd so lang ist wie die, die sie selbst in Anspruch genommen haben. So gibt das Verhältnis von Erzählzeit und erzählter Zeit Auskunft darüber, wie gerafft und verdichtet oder wie ausführlich und detailliert erzählt wird. Es gibt Auskunft über die **Art des Erzählens.**

Die Art des Erzählens und das Verhältnis von Erzählzeit zu erzählter Zeit kann sogar im Erzählen selbst thematisch gemacht werden; es geschieht etwa bei Sterne:[66]

> Es sind anderthalb Stunden vergangen, anderthalb Stunden mäßig langsamen Lesens, seit Onkel Toby geklingelt und Obadiah den Befehl erhalten hatte, das Pferd zu satteln und Dr. Slop, den Akkoucheur [Geburtshelfer], zu holen, so daß also kein Mensch billigerweise wird behaupten können, ich habe Obadiah nicht genügend Zeit gelassen, vom Zeitmaß des Dichters aus gesehen und auch in Rücksicht der äußersten Dringlichkeit des Auftrages, hinzureiten und wieder zurückzukommen, obwohl in Wirklichkeit der Mann vielleicht nicht Zeit genug gehabt hatte, seine Stiefel anzuziehen. [...]

Schreiben mit der Zeiterzähl-Maschine

Die Zeiterzähl-Maschine ist ein Zeitmodifikationscomputer. Man gibt in ihn einen Vorgang oder eine Handlung ein. Der Computer wird dann auf eine bestimmte Länge der Erzählzeit programmiert und gibt nun in dieser Zeitlänge den eingegebenen Vorgang/die Handlung zeitlich stark gerafft oder gedehnt wieder. – Sie werden wahrscheinlich keine Zeiterzähl-Maschine zur Verfügung haben, Sie können ihre Wirkungsweise aber simulieren:

- Erzählen Sie in genau drei Minuten Erzählzeit ganz kurz: den Verlauf einer Reise, wie Sie eine Sportart oder ein Musikinstrument spielen gelernt haben, eine Freundschaft, Ihre Schulzeit usw.
- Und erzählen Sie in ebenfalls drei Minuten Erzählzeit möglichst genau: wie Sie sich die Hände waschen, rasieren, Kaffee oder Tee kochen, ein Butterbrot machen, die Schuhe anziehen oder eine andere ‚kleine' Tätigkeit.

Überlegen Sie, welche Wirkung es hat, wenn Vorgänge oder Handlungen in dieser Weise zeitlich gerafft oder gedehnt erzählt werden, und welche Art des Erzählens dadurch entsteht.

Daß das Erzählen durch seine zeitliche Abfolge besonders geeignet ist, einen Geschehensablauf abzubilden, bedeutet allerdings nicht, daß alles Erzählen normalerweise im Nacheinander der chronologischen Abfolge erfolgt oder erfolgen sollte. Butor sagt so:

> Sobald zwei Hauptpersonen vorhanden sind und diese sich trennen, sind wir gezwungen, für einige Zeit die Erlebnisse der einen zu über-

gehen, um zu erfahren, was die andere in dieser Zeit gemacht hat. [–] Wenn man das Problem aufmerksamer betrachtet, stellt man fest, daß kein klassischer Roman in der Lage ist, den Ereignissen auf einfache lineare Weise zu folgen.[67]

Das Erzählen wird so meist in der Weise erfolgen, daß u.a. immer wieder einmal auf früher Geschehenes zurückgeblickt, daß es erinnert oder daß überhaupt mehr oder weniger ausführlich auf Früheres zurückgeblendet wird. Und außer diesen **Rückwendungen** gibt es dann noch **Vorgriffe** auf das, was im weiteren Erzählverlauf, wie die Figuren vorausahnen oder wie der Erzähler schon weiß, geschehen wird, gibt es vage oder bestimmte Vorahnungen und Verkündigungen, gibt es Vorwegnahmen des später zu Erzählenden:[68]

Giorgio Manganelli, aus: Irrläufe[69]

Der dunkel gekleidete Herr mit dem aufmerksamen und nachdenklichen Gang weiß, daß er verfolgt wird. [...]

Der etwas altertümlich aber nicht unelegant gekleidete Herr durchmißt gerade die letzten Meter, die ihn von seinem Haus trennen. [...]

Der Herr im Leinenanzug mit Mokassins und kurzen Socken sieht auf die Uhr: es ist zwei Minuten vor acht. Er ist zu Hause und sitzt mit leichtem Unbehagen auf der Kante eines strengen und steifen Stuhls. Er ist allein. In zwei Minuten – jetzt sind es nur noch neunzig Sekunden – muß er anfangen. [...]

Ein phantasieloser Herr mit einem Hang zur guten Küche begegnete sich selbst zum ersten Mal an einer Bushaltestelle. [...]

Geschichten schlucken (Partnerarbeit)

Wählen Sie einen Partner. Nehmen Sie jeder einen anderen der vorstehenden Erzählanfänge und machen Sie daraus eine kleine Geschichte.

Tauschen Sie, wenn Sie fertig sind, Ihre Geschichten aus. (Oder machen Sie, wenn das möglich ist, von Ihren Geschichten Fotokopien, die Sie dem Partner geben.) Versuchen Sie nun, in die Geschichte Ihres Partners, die Sie erhalten haben, die entscheidenden Vorgänge und Sequenzen Ihrer eigenen Geschichte einzubringen (dabei sollten Sie die Geschichte Ihres Partners möglichst unverändert lassen):
Verfahren Sie so, daß Ihre Geschichte nun zu der Geschichte Ihres Partners die Vorgeschichte oder die Fortführung (oder auch beides zusammen) bildet, die Sie über
– kurze Rückblicke einer Figur,

– kurze Rückwendungen des Erzählers,
– eine längere Rückerinnerung einer Figur,
– eine größere Rückblende des Erzählers

oder im Falle der Fortführung über

– Vorahnungen einer Figur,
– Vorausdeutungen oder Verkündigungen des Erzählers,
– Vorwegnahmen späteren Geschehens durch den Erzähler

mit einbeziehen. Dabei können Sie die Figuren Ihrer eigenen Geschichte beibehalten oder ihre Erlebnisse auf die Figuren Ihres Partners übertragen.
Lesen Sie beide Geschichten vor.

4.2 Moderne Zeitstrukturen des Erzählens

Auch bei einem nicht strikt chronologischen, sondern mit Rückwendungen und Vorausdeutungen zeitlich komplexer strukturierten Erzählen bleibt dieses aber an einem letztlich sukzessiv-linearen Zeitablauf orientiert.[70] Wie prägend die **Sukzessivität** für das Erzählen ist, erkennt man an den biographischen Entwicklungen, die den bürgerlichen Entwicklungsroman bestimmen, und erfährt man besonders dann, wenn diese so zwingend erscheinende biographische Chronologie einmal gestört ist:

Sprunghaftes Leben (Gruppenarbeit)

Bilden Sie eine Gruppe von fünf bis sechs Teilnehmern. Wählen Sie gemeinsam einen ‚Helden‘/eine ‚Heldin‘ und bestimmen Sie einige seiner/ihrer Merkmale, etwa:

– Name,
– ein bis zwei äußere Merkmale,
– ein bis zwei geistige/seelische Merkmale,
– Beruf des Vaters/der Mutter.

Suchen Sie sich alle aus den folgenden Entwicklungsphasen eine aus und erzählen Sie sie:

– Vorschulalter,
– in der Schule,
– die (erste) Freundin/der (erste) Freund,
– Schulabschluß/Lehre/Studium,
– im Beruf,
– Heiraten,

– ein Sohn / eine Tochter,
– auf Rente / in Pension / ins Altenheim,
– Sterben.

Machen Sie nun nach Zahl der Teilnehmer Lose und losen Sie die Reihenfolge aus, in der die Phasen angeordnet und vorgelesen werden. Überlegen Sie, wie diese nicht-sukzessive Darstellung der Entwicklung Ihres Helden / Ihrer Heldin auf Sie wirkt.

Modernes Erzählen setzt sich insbesondere mit dem traditionellen Verständnis der Zeit auseinander: „Das Zeitproblem ist **das** Problem des modernen Romans, und es dürfte kaum einen Romancier von Rang geben, der sich nicht mit ihm auseinandergesetzt hätte", sagt Walter Jens.[71] Und es ist vor allem die **Sukzessivität** und **Eindimensionalität** der Zeitabfolge des Erzählens und des in diesem Erzählen Dargestellten, was zum Problem wird. Robert Musil hat es eindringlich beschrieben:

Robert Musil, aus: Der Mann ohne Eigenschaften[72]

[...] das Gesetz dieses Lebens, nach dem man sich, überlastet und von Einfalt träumend, sehnt, ist kein anderes als das der erzählerischen Ordnung! Jener einfachen Ordnung, die darin besteht, daß man sagen kann: „Als das geschehen war, hat sich jenes ereignet!" Es ist die einfache Reihenfolge, die Abbildung der überwältigenden Mannigfaltigkeit des Lebens in einer eindimensionalen, wie ein Mathematiker sagen würde, was uns beruhigt; die Aufreihung alles dessen, was in Raum und Zeit geschehen ist, auf einen Faden, eben jenen berühmten „Faden der Erzählung", aus dem nun also auch der Lebensfaden besteht. Wohl dem, der sagen kann „als", „ehe" und „nachdem"! Es mag ihm Schlechtes widerfahren sein, oder er mag sich in Schmerzen gewunden haben: sobald er imstande ist, die Ereignisse in der Reihenfolge ihres zeitlichen Ablaufes wiederzugeben, wird ihm so wohl, als schiene ihm die Sonne auf den Magen. Das ist es, was sich der Roman künstlich zunutze gemacht hat: der Wanderer mag bei strömendem Regen die Landstraße reiten oder bei zwanzig Grad Kälte mit den Füßen im Schnee knirschen, dem Leser wird behaglich zumute, und das wäre schwer zu begreifen, wenn dieser ewige Kunstgriff der Epik, mit dem schon die Kinderfrauen ihre Kleinen beruhigen, diese bewährteste „perspektivische Verkürzung des Verstandes" nicht schon zum Leben selbst gehörte. Die meisten Menschen sind im Grundverhältnis zu sich selbst Erzähler. Sie lieben nicht die Lyrik, oder nur für Augenblicke, und wenn in den Faden des Lebens auch ein wenig „weil“ und „damit“ hineingeknüpft wird, so verabscheuen sie doch alle Besinnung, die darüber hinausgreift: sie lieben das ordentliche Nacheinander von Tatsachen, weil es einer Notwendigkeit gleichsieht, und fühlen sich durch den Eindruck, daß ihr Leben einen „Lauf“ habe, irgendwie im Chaos geborgen. Und Ulrich bemerkte nun, daß ihm dieses primitiv Epische abhanden gekommen sei, woran das private Leben noch festhält, obgleich öffentlich alles schon unerzählerisch geworden ist und nicht einem „Faden“ mehr folgt, sondern sich in einer unendlich verwobenen Fläche ausbreitet.

Die Ablösung eines vorgeblich die Zeit und die Ereignisse in ihr souverän ordnenden „Erzählers“ und die Auflösung der Sukzessivität des Erzählens sind damit Versuche, die „unerzählerische“ Wirklichkeit in ihr gemäßeren, alternativen Zeitformen darzustellen – entscheidende Merkmale eines modernen Erzählens.[73]

Dabei ist zunächst wichtig die Ablehnung und Aufhebung der mechanisch gemessenen, der **‚Uhrenzeit‘.**[74] Dazu einige Passagen aus dem zweiten Teil von Faulkners Roman „Schall und Wahn“ über den jungen Quentin, bevor er sich in Harvard das Leben nimmt:

William Faulkner, aus: Schall und Wahn [75]

Ich ging zur Kommode und nahm die Uhr, die noch mit dem Zifferblatt nach unten lag. Ich zerschlug das Uhrglas an der Ecke der Kommode, sammelte in der Hand die Splitter und legte sie in den Aschenbecher, dann drehte ich die Zeiger ab und legte sie in den Aschenbecher. Die Uhr tickte weiter. Ich drehte sie herum, das leere Zifferblatt nach oben, hinter dem die Rädchen, die nun einmal nicht anders konnten, von Zahn zu Zahn schnappten.

Ich fuhr zur Stadt hinüber, ging zu Parker und frühstückte ausgiebig. Während ich aß, hörte ich eine Uhr die volle Stunde schlagen. Aber es bedarf wohl mindestens einer Stunde, um den Begriff der Zeit zu verlieren – für einen, der eine Ewigkeit dazu gebraucht hat, sich in ihr mechanisches Fortschreiten einzuleben

Ich kam am Schaufenster eines Uhrengeschäfts vorbei. […] In der Auslage waren mindestens ein Dutzend Uhren, von denen eine jede – mit der gleichen bestimmten und widersprechenden Sicherheit wie meine eigene, die überhaupt keine Zeiger hatte – eine andere Stunde anzeigte. Eine widersprach der andern. Ich konnte die meine hören, die unentwegt in der Tasche tickte, obschon niemand sie sehen konnte und obschon sie nichts anzuzeigen hatte, wenn jemand sie hätte sehen können.

Und so redete ich mir zu, die dort zu nehmen. Denn Vater sagte, Uhren schlagen die Zeit tot. Er sagte, die Zeit sei tot, solange sie von kleinen Rädern weggetickt werde; nur wenn die Uhr stehen bleibe, werde die Zeit lebendig.

Wenn Quentin seiner Uhr die Zeiger abdreht, dann geht es ihm offenbar darum, die Uhr als Anzeiger und Verwirklichung einer **mechanisch gemessenen Zeit** aufzuheben: Die mit der Uhr gemessene Zeit ist bloße Abfolge abstrakter Zeitintervalle, ist bloß „mechanisches Fortschreiten". Es gibt aber ein anderes, ein lebendiges „Fortschreiten": den Ablauf unseres Lebens. Und wenn unsere ‚Lebens-Zeit' als Uhrenzeit gemessen wird und wenn diese über unser Leben bestimmt, dann wird die **eigene Zeit** unseres Lebens getötet: „Uhren schlagen die Zeit tot". Quentin zerstörte seine Uhr, damit „die Zeit lebendig": damit seine eigene Zeit wieder lebendig werden kann.

Was dahinter steht, ist zunächst eine Kritik an der **Diktatur,** die **Uhr** und **Uhrenzeit** über uns in einer Weise ausüben, die andere Kulturen und frühere Zeiten nicht gekannt haben: Unser Tagesablauf ist normalerweise extrem zeitlich eingeteilt, verplant und reglementiert. Jeder Augenblick ist definiert durch die Uhrzeit, die er aufweist, weshalb wir ja auch in allen öffentlichen und privaten Räumen wie an unserem Körper Uhren haben, auf die wir unzählige Male am Tage sehen. Wir sind Objekt, nicht mehr Subjekt der Uhrenzeit, denn **wir** sind es nicht mehr, die diese Zeit haben, sondern diese Zeit hat uns. Deshalb ‚haben' wir ja auch meist ‚keine Zeit'.

Sodann steht hinter dem Uhrenmotiv bei Faulkner ein anderes Verständnis von Zeit, ein solches nämlich, das sich nicht an astronomischen oder physikalischen Daten, sondern am Menschen und dessen eigenem Leben orientiert: ein Verständnis von Zeit als **subjektiv** erlebter und erfahrener **Zeit**:

Uhrengeschichte

Erzählen Sie ein Erlebnis (oder denken Sie sich eines aus) mit einer Uhr oder der Uhrenzeit, bei dem Sie die Nicht-Übereinstimmung von chronologischer Zeit und Ihrem eigenen Zeitgefühl, -erleben oder -bewußtsein erfahren haben, etwa über

– eine ‚kaputte' Uhr, die (scheinbar) viel zu schnell oder viel zu langsam ging oder eine ganz andere Zeit anzeigte, als ‚eigentlich' war;

- eine bei einem besonders starken Erlebnis ganz zusammengeschrumpfte oder völlig fehlende Uhrenzeit;
- eine bei langem Warten oder Langeweile unendlich gedehnte Uhrenzeit.

Worum es geht, ist dies, daß ‚Zeit' in entscheidender Hinsicht nichts an sich, sondern etwas durch Menschen Gegebenes ist. Das anzuerkennen fällt uns heute in einer Welt, in der wir ständig von Uhrenzeit umgeben und durch sie bestimmt sind, schwer. Und wenn man bei ‚Zeit' auf ‚Uhrzeit' und das am Lauf der Gestirne oder jetzt an den Schwingungszyklen des Caesium-Atoms abgenommene Nacheinander von Maßeinheiten sieht, dann liegt da sicherlich ein objektiver, unabhängig vom Menschen bestehender Tatbestand vor. Doch ist das nur **ein** Aspekt von Zeit und gar nicht einmal der für den Menschen wichtigste. Ein anderer Aspekt ist, daß für uns ‚Zeit' aus **Vergangenheit, Gegenwart** und **Zukunft** besteht und wir deshalb die Gegenwart immer auch in bezug auf Vergangenes und Zukünftiges hin erfahren – was beim Tier ja nicht der Fall ist: Das Tier weiß um keine, es ‚hat' keine Vergangenheit und keine Zukunft. ‚Zeit' ist, und das ist auch in der neueren Philosophie nachdrücklich herausgestellt worden,[76] eine spezifische Weise menschlichen Erlebens und Lebens; und diese Zeit ist eine andere Zeit als die offizielle Uhrenzeit. Daher ist es kein Wunder, daß die beiden Zeiten oft nicht kongruieren.

Überlegungen, die darauf führen, daß ‚Zeit' etwas am Menschen ist, gibt es schon sehr lange. Eine sei kurz angeführt, weil sie unmittelbaren Belang für das Erzählen hat. Augustinus argumentiert in seinen „Confessiones" so: Eigentlich ‚gibt' es die **drei** ‚Zeiten' Vergangenheit, Gegenwart und Zukunft nicht, denn die Vergangenheit existiert nicht mehr, und die Zukunft existiert noch nicht. Vergangenheit und Zukunft ‚gibt' es nur im gegenwärtigen Bewußtsein des Menschen:

> Denn es sind diese Zeiten als eine Art Dreiheit in der Seele, und anderswo sehe ich sie nicht: und zwar ist da Gegenwart von Vergangenem, nämlich Erinnerung; Gegenwart von Gegenwärtigem, nämlich Augenschein; Gegenwart von Künftigem, nämlich Erwartung. (XI,20)

An die Stelle eines vorgeblich objektiven, in Vergangenheit, Gegenwart und Zukunft gegliederten Zeitablaufs tritt ein subjektives Zeitbewußtsein, in dem statt einer ‚objektiven' Vergangenheit die subjektive **Erinnerung** des Vergangenen und statt einer ‚objektiven' Zukunft die subjektive **Erwartung** von Zukünftigem steht.

Will man diese subjektive Zeit aus Erinnerung und Erwartung nun **erzählen,** etwa als das, was gegenwärtig in einem menschlichen Bewußtsein vorgeht, so ist zunächst wichtig, daß **Erinnerung** wie **Erwartung** ja nicht homogen, nicht ablaufmäßig gegliedert und als Kontinuum organisiert sind, sondern als subjektiv bedingte ganz sprunghaft, ,zufällig', diskontinuierlich geschehen. (Das wird im Kap. 7. „Erzählen in modernen Sprachformen" für die Erinnerung mit einer Stelle von James Joyce belegt und an Überlegungen von Arno Schmidt erläutert, wird für die Erwartung an einem Text von Ulrich Plenzdorf gezeigt; dort wird auch eine Arbeitsanregung dafür gegeben.) Sodann gilt, daß fast jeder Bewußtseinszustand immer auch und manchmal sehr stark durch Erinnerungen und Erwartungen bestimmt oder mit ihnen besetzt ist, wobei diese aber nicht säuberlich getrennte Phasen oder Bereiche ausmachen, sondern untereinander und mit den anderen Bewußtseinsvorgängen unentwirrbar verflochten sind.

Soll nun Zeit, wie sie für den einzelnen Menschen konkret existiert, seine **erlebte** oder **subjektive Zeit,** in der Erzählung dargestellt werden, dann ist das offenbar nicht möglich durch eine chronologische, lineare, sukzessive, kontinuierliche Anordnung von Geschehnissen. Im Gegenteil kommt es darauf an, gerade die **Diskontinuität** und **Verflochtenheit** der in Erinnerung und als Erwartung erlebten Zeit abzubilden. Und es wäre auch wichtig, die starre Zuordnung, daß Erinnertes unbedingt vergangen sein muß und daß Erwartetes nur in der Zukunft liegen kann, aufzuheben: Denn warum soll man Zukünftiges nicht auch als geschehen vorstellen, also ,erinnern', und Vergangenes (wieder) erwarten können?

In Robbe-Grillets Roman „Djinn"[77] geht es u.a. um die Darstellung solcher subjektiver Zeiterfahrung: Simon, der mit „unbändiger Phantasie" (S. 114) ausgestattete Held des Romans, begegnet Jean, einem Jungen, der an „akuten Gedächtnisstörungen" leidet: „Er erinnert sich mit außergewöhnlicher Genauigkeit an das, was noch nicht geschehen ist, was ihm morgen geschehen wird oder sogar, was er nächstes Jahr tun wird." (S. 101 f.) Simon ist bei seiner Begegnung mit Jean nur eine Person aus der Zukunft von Jean, die dieser jetzt schon sieht. So kann Simon dabei auch seine Fotografie, die erst in einigen Jahren von ihm gemacht werden wird, erblicken:

> Er hätte wetten mögen, daß es seine eigene Photographie war. Da war gar kein Irrtum möglich. Das Gesicht war genau zu erkennen, wenn auch vielleicht um zwei oder drei Jahre oder kaum mehr gealtert, was ihm einen Ausdruck des Ernstes und der Reife verlieh. [...]
> Auf dem unteren Rand verliefen zwei kurze, handschriftliche Zeilen schräg über die freie Fläche. Simon erkannte sofort seine eigene, wie die der Linkshänder rückwärts geneigte Schrift. Er las leise: „Für Marie und Jean, ihr lieber Papa." (S. 105 f.)

Gleichzeitig sieht Jean, Simons zukünftiger Sohn, allerdings auch, weil er „die Zeiten vermischt“ (S. 106), Vergangenes als gegenwärtig und mit Zukünftigem zusammen. So kann Simon bei Jean einer verstorbenen Filmschauspielerin, Djinn, begegnen. – Das ist nur ein kleiner Teil der Zeit- und Realitätsverschiebung bzw. -vermischungen, die in diesem Roman stattfinden. Sie bewirken u.a., daß das Erzählen nach der Chronologie ganz abgelöst wird – Simons Uhr bleibt so auch stehen (S. 80, 105) – von einem Erzählen verschiedenen subjektiven Zeiterlebens.

Die sehr komplexe Form von „Djinn“ kann man nicht als Ganze nachproduzieren, doch kann man mit einzelnen Aspekten daraus arbeiten, um so selbst Erfahrungen mit dem Erzählen subjektiven Zeiterlebens zu machen:

Vermischte Zeiten

a) **Erinnerte Zukunft**
Stellen Sie sich vor und skizzieren Sie knapp, wie Sie bald ein wichtiges Erlebnis haben werden, das Ihr Leben entscheidend verändert.
Erzählen Sie dieses Erlebnis nun aber so, als ob Sie inzwischen 5, 10, 20 oder mehr Jahre älter wären als zu seinem Zeitpunkt und auf es und seine Auswirkungen und Folgen zurückschauten.

b) **Vorgeahnte Vergangenheit**
Erinnern Sie sich an ein wichtiges Erlebnis, das Sie einmal hatten (oder stellen Sie sich eines vor, das Sie hätten haben können), das Ihr Leben entscheidend verändert hat (hätte), und skizzieren Sie es ganz knapp.
Erzählen Sie dieses Erlebnis nun aber so, als ob Sie jetzt 5, 10, 20 oder mehr Jahre jünger wären als zu seinem Zeitpunkt und auf es in die Zukunft als erahntem, ersehntem oder gefürchtetem Ereignis vorblickten.

„Zukunftsgedächtnis“ (Robbe-Grillet[78])

Stellen Sie sich vor und erzählen Sie, wie Sie – vielleicht in einer wichtigen oder schwierigen Situation – plötzlich

- einen Brief bekommen oder auffinden, den Sie in ein paar Jahren geschrieben haben,
- einen Aufsatz, einen Zeitungsartikel oder Leserbrief, eine Erzählung lesen, die Sie in einigen Jahren geschrieben haben,
- eine Fotografie, einen Film, eine Videoaufnahme sehen, die in ein paar Jahren von Ihnen aufgenommen worden ist usw.,

und was es für Sie bedeutet und wie Sie damit umgehen.

Das waren nun zwei Aufgaben, die direkt eine Zeitenmischung zum Gegenstand haben. Eine solche Vermischung der Zeiten tritt aber oft auch dann schon ein, wenn statt eindimensional etwa **mehrperspektivisch** von verschiedenen Personen her erzählt wird (s. den Abschn. 5.4 „Mehrperspektivisches Erzählen“) oder wenn, wie es etwa Faulkner in „Schall und Wahn“ oder viele Autoren des Nouveau roman machen, **verschiedene Realitäts- und Erzählebenen** ineinandergeschoben werden. Dazu abschließend noch eine Arbeitsanregung, die sich an der Erzählpraxis von Claude Simon, vor allem in seinem Roman „Triptychon“[79], orientiert und mit der man ziemlich repräsentative Erfahrungen einiger Erzähl- und Zeitformen des modernen Romans und deren – schwieriger – Rezeption machen kann:

Text-Puzzle (Gruppenarbeit)

Wählen Sie sich zwei Partner. Zerschneiden Sie drei DIN A4-Bögen so, daß jeder von ihnen vier postkartengroße Blätter erhält.
Wählen Sie mit Ihren Partnern gemeinsam ein Thema: Sehnsucht, Eifersucht, Angst, Abschied, Mord, Verwandlung, Liebe, Unglücklichsein usw. Schreiben Sie dazu einen Text.
Dieser Text

- kann Sie selbst, eine wirkliche oder eine erfundene Person betreffen;
- kann eine Ich-, Du- oder Er-/Sie-Erzählung, kann ein Brief oder eine Tagebucheintragung sein;
- kann ein wirklich geschehenes Ereignis, ein erfundenes Geschehen, einen Traum, eine Vision, eine Zukunftsphantasie betreffen;
- kann von einem Bild, einem Film handeln, das/den Sie gesehen haben oder das/den jemand gesehen hat oder auch gerade sieht;
- kann von einem Buch handeln, das Sie gelesen haben oder das jemand gerade liest.

Schreiben Sie genau so viel, daß jeder seine vier postkartengroßen Blätter nacheinander füllt, und schreiben Sie so, daß am Ende jedes Blattes auch der Satz endet.
Wenn alle drei fertig sind, sammeln Sie die 12 Blätter ein und mischen Sie sie gut. Numerieren Sie sie in der ermischten Reihenfolge, und einer liest nun das Ganze vor. Vielleicht lesen bei einem zweiten Lesen auch alle drei ihre eigenen vier Blätter vor.

5 Erzählen in modernen Erzählformen

Übliches Erzählen scheint eine ziemlich selbstverständliche, ja natürliche Sache zu sein: Ein Erzähler erzählt, wie sein Erzählheld in der Erzählung handelt und so ein Erzählgeschehen hervorbringt. Und doch ist dieses Erzählen durchaus nicht ‚natürlich', sondern bildet ein ganz bestimmtes Zeichensystem, das bestimmte Bedeutungen: das ein bestimmtes **Weltbild** übermittelt. Das wurde an anderer Stelle ausführlich dargelegt;[80] hier seien nur zwei Aspekte knapp skizziert, wobei wir zunächst noch einmal auf die im letzten Abschnitt zitierte Musil-Stelle zurückgreifen:

1. Ein Erzählen, das die „überwältigende Mannigfaltigkeit des Lebens in einer eindimensionalen" Folge, nämlich „in der Reihenfolge ihres zeitlichen Ablaufs" wiedergibt, errichtet durch dies "ordentliche Nacheinander von Tatsachen, weil es einer Notwendigkeit gleichsieht", eine eigene „erzählerische Ordnung", die zwar die unendlich vielfältige Wirklichkeit und ihre Wahrnehmung entscheidend verkürzt (sie ist eine „perspektivische Verkürzung des Verstandes"), durch die der Leser sich aber „irgendwie im Chaos geborgen" fühlt: Eine von ihrem Erzähler **sukzessiv eindimensional** erzählte Handlung (und gar noch eine mit ‚Höhepunkt' und ‚Lösung') ist alles andere als eine Darstellung von Wirklichkeit, sondern ein sie in ganz bestimmter Weise interpretierendes **Sinn- und Ordnungssystem,** eine Ideologie. Will man heute Realitäten unserer Welt, wie sie wirklich in aller Komplexität und Vielverflochtenheit ist, in einer Erzählung abbilden, so ist die traditionelle eindimensional verfahrende Erzählform dafür ziemlich ungeeignet.

2. Häufig organisiert traditionelles Erzählen sein eindimensionales Erzählgeschehen – teilweise um eben dieser Eindimensionalität willen – von einem **Mittelpunktshelden** aus, der mehr oder weniger souverän aus sich: aus seinen Fähigkeiten und Kräften, aus den Gegebenheiten seines ‚Charakters' oder aufgrund seiner ‚Entwicklung', Handlung hervorbringt. Diese Erzählform sieht ab von den vielfachen geschichtlichen, kulturellen, gesellschaftlichen und ökonomischen Bedingungen und Zwängen, die jeden Menschen unablässig prägen und sein Handeln bestimmen, sie übermittelt dafür das neuzeitliche Ideologem vom **Individuum als Sinnzentrum** der (bürgerlichen) Welt. Will man heute den Menschen, wie er in unserer Welt ist – verplant und überverwaltet, umweltgeschädigt und medienverdummt, bedürfnisgelenkt und bewußtseinsgesteuert – oder will man sich selbst, wie man wirklich ist, in einer Erzählung abbilden, so ist die traditionelle, vom Mittelpunktshelden aus organisierte Erzählform dafür ebenfalls recht ungeeignet.[81]

All das ist ein ganz und gar offenes Geheimnis. Fast jeder der Autoren, die in der **modernen Erzählliteratur** Belang haben, hat in eigener Weise versucht, Alternativen zum traditionellen Erzählen zu entwickeln. Doch ist es gar nicht so einfach, die Erzählformen etwa von Kafka, Döblin, Arno Schmidt, Peter Weiss, Thomas Bernhard, Handke, von James Joyce, Dos Passos, Faulkner, Beckett, Robbe-Grillet, Butor, Sarraute usw. produktiv nachzuvollziehen. Deshalb versuchen wir hier das Verfahren, uns zunächst am allgemein vertrauten konventionellen Erzählen zu orientieren und einzelne Erzählformen zu erproben, die dies konventionelle Erzählen, nämlich seinen Erzähler, seine Erzählfiguren und sein Erzählgeschehen, verändern: die sie **verfremden.** Danach sollen dann einige weitere moderne Erzähltechniken erkundet werden.

5.1 Erzählen mit verfremdetem Erzähler

Als Hinführung zu einem Erzählen, das in einer verfremdeten Rolle des Erzählers erzählt, kann man damit beginnen, Dinge und Vorgänge unserer Lebenswelt mit einem **‚fremden Blick‘** zu sehen und darzustellen. Ein bekanntes Beispiel für diese Art der verfremdenden Darstellung sind die „Reden des Südsee-Häuptlings Tuiavii“ (wer anspruchsvoller verfahren und nicht nur Dinge und Vorgänge, sondern auch Verhaltensweisen verfremden möchte, könnte sich z.B. an dem Kapitel über die Zeit orientieren[82] oder den „Bericht über Einrichtungen und Gebräuche in den Siedlungen der Grauhäute“ von Peter Weiss[83] wählen):

Der Papalagi[84]

Der Papalagi [der Weiße, der Europäer] wohnt wie die Seemuschel in einem festen Gehäuse. [...] Steine sind rings um ihn, neben ihm und über ihm. Seine Hütte gleicht einer aufrechten Truhe aus Stein. Einer Truhe, die viele Fächer hat und durchlöchert ist.
Man kann nur an einer Stelle des Steingehäuses ein- und ausschlüpfen. Diese Stelle nennt der Papalagi den Eingang, wenn er in die Hütte hineingeht, den Ausgang, wenn er hinausgeht; obwohl beides ganz und gar ein und dasselbe ist. An dieser Stelle ist nun ein großer Holzflügel, den man kräftig zurückstoßen muß, ehe man in die Hütte hinein kann. [...]
Die meisten Hütten sind nun von mehr Menschen bewohnt, als in einem einzigen Samoadorfe leben, man muß daher genau den Namen der Aiga [Familie] wissen, zu der man auf Besuch will. Denn jede Aiga hat einen besonderen Teil der Steintruhe für sich, entweder oben, oder unten oder in der Mitte, links oder rechts oder geradevor. Und eine Aiga weiß oft von der anderen nichts, garnichts, als ob nicht nur

eine steinerne Wand, sondern [...] viele Meere zwischen ihnen lägen. Sie wissen oft ihre Namen kaum, und wenn sie einander an dem Einschlupfloch begegnen, geben sie sich nur unwillig einen Gruß oder brummeln sich an wie feindliche Insekten. Wie erbost darüber, daß sie nahe beieinander leben müssen.
Wohnt die Aiga nun oben, ganz unter dem Dache der Hütte, so muß man viele Äste hinaufsteigen, im Zickzack oder rund im Kreise, bis man zu der Stelle kommt, wo der Name der Aiga an die Wand geschrieben ist. Nun sieht man vor sich die zierliche Nachbildung einer weiblichen Brustwarze, auf die man drückt, bis ein Schrei ertönt, der die Aiga herbeiruft. Sie sieht durch ein kleines, rundes gegittertes Loch in der Wand, ob es kein Feind ist. Dann öffnet sie nicht. Erkennt sie aber den Freund, so bindet sie sogleich einen großen Holzflügel, der tüchtig angekettet ist, ab und zieht ihn zu sich herein, daß der Gast durch den Spalt eintreten kann in die wirkliche Hütte.
Diese ist nun wieder von vielen steilen Steinwänden durchbrochen, und man schlüpft weiter durch Flügel und Flügel von Truhe zu Truhe, die kleiner und kleiner werden. Jede Truhe – die der Papalagi ein Zimmer nennt – hat ein Loch, wenn sie größer ist, zwei oder noch mehr, durch die das Licht hereinkommt. Diese Löcher sind mit Glas zugetan, das man fortnehmen kann, wenn frische Luft in die Truhen soll, was sehr nötig ist. Es gibt aber viele Truhen ohne Licht- und Luftloch.
Ein Samoaner würde in solcher Truhe bald ersticken, denn nirgends geht ein frischer Luftzug hindurch wie in jeder Samoahütte. [...]
Jede Truhe hat nun einen besonderen Zweck. Die größte und hellste gilt für die Fono [Zusammenkünfte, Beratungen] der Familie oder zum Empfang der Besuche, eine andere für den Schlaf. [...] Eine dritte Truhe ist für das Esseneinnehmen und Rauchwolkenmachen, eine vierte bewahrt die Essensvorräte, in der fünften wird gekocht und in der letzten und kleinsten gebadet. Dieses ist der allerschönste Raum. Er ist mit großen Spiegeln verkleidet, der Fußboden mit einem Belag von bunten Steinen verziert und mitten darin steht eine große Schale aus Metall oder Stein, in die besonntes und unbesonntes Wasser rinnt. In diese Schale, die so groß ist, ja größer als ein rechtes Häuptlingsgrab, steigt man hinein, um sich zu reinigen und den vielen Sand der Steintruhen von sich abzuspülen. [...]
Von Zeit zu Zeit verläßt der Papalagi seine Privattruhen, wie er sie nennt, um in eine andere Truhe zu steigen, die seinen Geschäften gilt, bei denen er ungestört sein will und keine Frauen und Kinder gebrauchen kann. Während dieser Zeit sind die Mädchen und Frauen im

Kochhause und kochen oder machen Fußhäute blendend oder waschen Lendentücher. [...]
Auf diese Weise leben in Europa so viele Menschen wie Palmen in Samoa wachsen, ja noch viel mehr. Einige haben wohl viel Sehnsucht nach Wald und Sonne und viel Licht; aber dies wird allgemein als eine Krankheit angesehen, die man in sich niederkämpfen muß.

Der fremde Blick

Der Südseehäuptling Tuiavii sieht die „Papalagi" mit einem ‚fremden Blick'.
Stellen Sie sich vor, Sie sähen unsere Welt oder auch sich selbst mit einem solchen ‚fremden Blick'. Das kann beispielweise sein:

- der Blick eines Archäologen im nächsten Jahrtausend auf unsere Zeit,
- der Expeditionsbericht eines außerirdischen Besuchers für die Regierung seines Heimatplaneten,
- die Wahrnehmung eines Kleinkindes in der Erwachsenenwelt, einer intelligenten Ameise in der riesigen Menschenwelt usw.

Beschreiben Sie mit diesem Blick entweder unser heutiges Leben: Essen und Trinken, Körperpflege, Wohnen, Liebesleben, Berufe, Sport, Theater/Film/Fernsehen, Rüstung/Krieg usw., oder eine Ihrer täglichen Tätigkeiten. Vermeiden Sie dabei, die Dinge und Vorgänge mit ihren richtigen Namen zu bezeichnen, sondern versuchen Sie sie aus der Sicht des Fremden zu umschreiben.

Eine andere Möglichkeit des Erzählens in einer verfremdeten Erzählerrolle ist, nicht nur allgemein mit einem ‚fremden Blick', sondern gezielter mit dem Blick eines bestimmten Anderen, nämlich durch Versetzung, durch Wechsel in ein **‚anderes Ich'** zu erzählen.

Kopflos

Aufregend wurde es dann im Köpfe-Museum. Das ist ein Museum, in dem die Köpfe aller bekannten, aber auch unbekannter und manchmal sogar noch lebender Männer und Frauen ausgestellt sind: Platon, Caesar, Kleopatra, Goethe, Beethoven, Rosa Luxemburg, Hitler, Einstein, Ghandi, Marylin Monroe, Elvis Presley, Boris Becker usw. Zu meinem größten Erstaunen sah ich aber auch den Kopf meines Vaters (Bruders / Lehrers / Vorgesetzten / meiner Mutter / Frau / Freundin ...).

Und es waren keine Holz- oder Marmorbüsten, sondern lebensgetreu rekonstruierte Köpfe. Unser Führer versicherte uns, jeder der hier ausgestellten Köpfe sei voll funktionstüchtig, man brauche ihn nur auf einen richtigen Körper zu setzen.
Ich ging ein wenig zwischen den großen Köpfen umher. Doch unter so viel Größe verlor ich den Kopf. Er war plötzlich weg. Ich lief ganz kopflos zu unserem Führer, aber der kannte das schon und beruhigte mich: „Das passiert immer mal wieder. Hoffentlich haben Sie nur Ihren Kopf nicht einfach hängen und fallen lassen!"
Ich wußte es nicht, doch war es leider so. Wir fanden meinen Kopf schnell, aber er war hart auf eine Bodenleiste aufgeschlagen und etwas beschädigt. Der Führer machte ein bedenkliches Gesicht: „Das ist dumm, den können Sie so nicht einfach wieder aufsetzen, der muß erst repariert werden. Und die Restauratoren haben gerade ihren Jahresurlaub! Sie können also erst in vierzehn Tagen wieder mit Ihrem Kopf rechnen. Aber nehmen Sie sich doch für diese Zeit einen anderen Kopf hier aus dem Museum. Das macht uns nichts."
So suchte ich mir für vierzehn Tage den Kopf des/der ... (meines/meiner ...) aus. —

Das andere Ich

Sie können die Geschichte auf dreierlei Art weitererzählen:

1. Sie wollten immer schon gern in den Kopf eines anderen schlüpfen (z.B. Ihres Vaters/Lehrers/Ihrer Frau/Freundin usw.), um ein Ereignis, Erlebnis, Problem, das Sie mit ihm gemeinsam hatten, mit seinen Augen zu sehen.
2. Sie suchen sich einen anderen Kopf als den Ihren aus, um mit ihm ein Erlebnis zu haben, ein Abenteuer zu bestehen, um mit diesem Kopf ein eigenes Problem zu lösen, um etwas zu tun, was Ihnen sonst versagt oder versperrt ist.
3. Sie erzählen über ein Ereignis in der Vergangenheit, das Sie mit diesem Kopf ganz anders hätten ablaufen lassen.

Eine komplexere verfremdete Erzählsituation entsteht, wenn man nicht nur in der Rolle des Anderen, dessen Kopf man aufhat, sondern gleichzeitig auch als man selbst erzählt und beide Erzählerrollen miteinander in Beziehung setzt. Die Arbeitsanregung dazu sollte vor allem als weitere Arbeitsmöglichkeit zu der vorigen Aufgabe gegeben werden:

Zweigeteilt

Versuchen Sie, zwischen Ihrem anderen Kopf und sich zu unterscheiden, etwa zwischen Ihrem Kopf und Ihrem Körper oder Ihrem ‚Herzen', und beide einen Dialog bzw. eine Diskussion über das führen zu lassen, was Sie mit Ihrem anderen Kopf und was Sie als Ihr eigener Körper, Ihr eigenes ‚Herz' fühlen, denken, wollen und tun möchten.

Nun noch eine etwas schwierigere Aufgabe zum Erzählen in einer **verfremdeten Erzählerrolle.** Eine Vorüberlegung: Manches tut man, ohne es selbst wirklich zu wollen. Man tut es,

- weil Wut, Ärger, Emotionen einen mitreißen und man ihrer nicht Herr werden kann (oder will),
- weil man es sich und dem Bild, das man von sich hat, schuldig zu sein glaubt,
- weil andere es von einem erwarten und man sie nicht enttäuschen will,
- weil es so üblich, weil es Sitte ist und man sich dem nicht entziehen mag,
- weil man durch Erziehung und Gewohnheit, durch Kultur und Gesellschaft so geprägt ist und sich davon nicht lösen kann usw.

Häufig tut man dann etwas und ist gleichzeitig mit einem (bewußten) Teil seiner selbst darüber verwundert, befremdet, verärgert, traurig, daß man es tut. Man schaut sich sozusagen selbst **befremdet** zu bei dem, was man tut. Diese Situation kann man in einem Erzählmodell abbilden. Ein Beispiel (das zwar verschieden, vor allem aber so verstanden werden kann):

Gabriele Wohmann: Große Leidenschaft[85]

Als Augenzeuge werde ich ja wohl behaupten dürfen: sie ging weder rasch noch langsam auf ihn zu. Ich habe es gesehen: es war nichts Auffälliges an ihrer Begrüßung. Hinterher wird immer manches geredet. Ich kann das nicht leiden. Ich finde nicht, daß sie so aussahen wie – Sie hat ja keine Miene verzogen. Sie ging auf ihn zu, einfach so, mir fällt überhaupt keine Beschreibung ein, das spricht für sich. So nebensächlich sah es aus, was ihn betrifft ebenfalls. […]
Mit dem Wartesaal gaben sie sich zufrieden. Saßen da an einem der rechteckigen Holztische, hatten sich offensichtlich irgendwas zu sagen, hörten aber immer wieder auf, von jeder Nichtigkeit abgelenkt, vor allem sie. Sie sah nicht aus, als ob sie sich viel aus ihm machte. Auch ich mag schon den Typ nicht besonders, mittelblond und etwas fett und so eine sehr leise Stimme, nie versteht man ihn, es liegt daran, daß er sich keine Mühe gibt, er haßt es sich anzustrengen. […]

Sie versuchten wieder, das zu besprechen, was sie offensichtlich zu besprechen hatten und weswegen sie sich allem Anschein nach überhaupt getroffen hatten und sich diesen Schwierigkeiten aussetzten, und was sie wohl auch bewegte, bis zu einem gewissen Grad, ihn etwas mehr als sie, es sah so aus. Sie sind aber lang stumm gewesen, haben Zeit verstreichen lassen, obwohl sie es eilig hatten und immer wieder auf die Uhr sahen. [...] Mit dem, was sie zu besprechen hatten und was sie sprunghaft beschäftigte, waren sie auf einmal so restlos fertig, daß sie nun lahm in einer riesenhaften Langeweile dasaßen. Das dauerte einige Minuten, und sie haben sich zu nichts Nennenswertem mehr aufgerafft. [...]
Auf dem Perron sagte sie zu ihm, er solle ihr doch – Ich gebe es wörtlich wieder: „Schicken Sie mir doch mal eine Ansichtskarte, meine Mutter sammelt Briefmarken." [...]
Der Zug fuhr ab mit mir. Sein Zug ging später und ins Ausland. Ich habe ihn seitdem nicht mehr gesehen, ein neues Treffen auf besagtem Bahnhof ist aber bereits wieder im Gespräch. Sie jedoch sehe ich täglich wie von jeher und zeitlebens in allen mein Abbild wiedergebenden Spiegeln. Ich schreibe ihm nicht, rufe ihn nicht an, ringe nicht seinetwegen die Hände. Nichts um seinetwillen. Wirklich ist es mir unverständlich, warum man es dafür hält. Große Leidenschaft! Wollen sie etwa, daß ich gegen alle guten Sitten verstoße und zu ihm hinlaufe mit den Worten – ich wüßte nicht mit welchen. Ich fühle mich mitunter wohl, zwar nicht häufig. Aber meine Traurigkeit kann sich nicht für eine Erfindung meiner Liebe halten. Meine Liebe – nun gebe ich es zu. [...]

Ich – von außen betrachtet

Erzählen Sie ein – wirkliches oder vorgestelltes – Ereignis, bei dem Sie etwas getan haben, was Sie im Grunde merkwürdig finden, selbst nicht verstehen oder eigentlich gar nicht tun wollten. Bilden Sie dabei Ihr Befremden sich selbst gegenüber so ab, daß Sie als beobachtender und dabei verwunderter, verärgerter usw. Ich-Erzähler über sich und über Ihr Handeln wie über eine fremde Person schreiben.

Man kann die Verfremdung des Ich-Erzählers auch noch weitertreiben, indem man das **Ich sich selbst begegnen** läßt, so wie es früher war oder später sein wird oder auch wie es augenblicklich ist: Man begegnet sich selbst und muß es mit sich, mit dem eigenen Handeln aushalten, muß sich selbst ertragen.

Durch diese Sicht kann man sein Befremden über sich, seine Kritik, sein Mißfallen an sich in unmittelbarer Konfrontation mit dem eigenen Selbst austragen. Ein Beispiel (als Anregung diente Günter Kunert: „Schäume“[86]):

Günter Waldmann: Ich und Ich

Traum. Deutschstunde, ich hab die Hausaufgabe nicht gemacht: „Minna von Barnhelm“. Einfach keine Lust gehabt. Hoffentlich komm ich nicht dran.
Der Lehrer kommt rein. Das bin ich. Ich komm da rein. Grauer Maßanzug, weißseidenes Einstecktuch, rote Krawatte. Ich gehe gleich auf mich zu: „Lies deine Hausaufgabe vor, Waldmann!“ Warum ausgerechnet ich? Woher weiß er, weiß ich, das ich sie nicht habe?
Ich schweig mich erst mal aus. Es hilft aber nichts. „Nun? Karl May war wohl mal wieder spannender als Lessing?“ Was soll das? Ich weiß doch genau, daß ich längst über Karl May raus bin. Dostojewski, Hemingway, Camus. Letzte Woche noch hab ich mir davon erzählt.
Ich spiele mich da doch bloß vor mir auf. Will mich fertigmachen. Und mich dann produzieren. Da leg ich auch schon los: „Dann will ich dir mal ...“ Tellheim, Ehrbegriff, Anerkennung, soziale Prägung ... Komplizierte Sätze, Fremdwörter. Ich geb mal wieder mächtig an.
Aber eigentlich gar nicht so schlecht, was ich da erzähle. Oder? Nein. Das ist doch alles nur Imponiergehabe! Und wozu? Warum mach ich das? Muß man das als Lehrer machen? Oder wird man deshalb Lehrer? Eins jedenfalls ist sicher: Ich will kein Lehrer werden! Ich nicht.
Da töne ich schon wieder: „Paßt du auch auf? Wenn du so weitermachst, wird nie was Vernünftiges aus dir!“ Ja, da hab ich auch wieder recht. Und ich werd so'n Deutschlehrer wie ich da.

Ich begegne mir selbst

Überlegen Sie sich eine Situation, in der Sie sich selbst begegnen: Sie als Schüler sich als Ihr Lehrer (oder umgekehrt), Sie als Sohn/Tochter sich als Ihr Vater/Ihre Mutter (oder umgekehrt), Sie als Junge/Mädchen, als junger Mann/junge Frau sich als altem Mann/alter Frau (oder umgekehrt). Oder Sie als Sportler sich als Sportler, Sie als Motorrad-/Autofahrer sich als Motorrad-/Autofahrer, Sie als Tourist sich als Tourist usw. Erzählen Sie – vielleicht als Traum oder Vision – , wie Sie sich begegnen und sich mit sich selbst auseinandersetzen. (Wenn dabei die beiden ‚Ichs‘ nicht genügend deutlich voneinander zu unterscheiden sind, können Sie ein Ich auch in der Du-Form sprechen lassen.)

5.2 Erzählen mit verfremdeten Erzählfiguren

Eine Geschichte wird konventionellerweise so erzählt, daß die Figuren, die in ihr handeln, vor allem der Held, nach ihren entscheidenden Merkmalen und Charaktereigenschaften feststehen, gemäß ihrer handeln bzw. sich entwickeln und so die Erzählhandlung entstehen lassen. Wir greifen noch einmal auf die Beschreibung zurück, die Schiller in „Der Verbrecher aus verlorener Ehre" von seinem Helden gibt (wir haben sie S. 33 zitiert): Die genau beschriebenen, bestimmten Merkmale des Helden, Christian Wolfs, bedingen eine bestimmte Handlung: „Er wollte ertrotzen, was ihm verweigert war; weil er mißfiel, setzte er sich vor, zu gefallen."[87] Er versucht ein Mädchen durch Geschenke für sich zu einzunehmen. Um diese kaufen zu können, wildert er. Ein Nebenbuhler überführt ihn; er kommt ins Gefängnis, auf die Festung. Entlassen erschießt er den glücklichen Nebenbuhler, wird nun Räuber usw. Gegebene Merkmale und Eigenschaften des Helden, mit Schiller: die **„unveränderliche** Struktur der menschlichen Seele" (wie sie allerdings durch die **„veränderlichen** Bedingungen, welche sie von außen bestimmen", beeinflußt ist),[88] verwirklichen sich in der Erzählhandlung.

Eine Geschichte kann aber auch so erzählt werden, daß die Figuren nicht von vornherein gegeben sind oder daß erst am Schluß Entscheidendes über sie klar wird. Dann können während der ganzen Erzählung **irrige** Ansichten über sie hervorgerufen worden und kann die Erzählhandlung teilweise **falsch** aufgefaßt worden sein, doch können gerade durch diese irrigen Ansichten und Auffassungen auch weitere Bezüge, sonst verborgene Zusammenhänge, eine tiefere Wahrheit über die Personen und ihr Handeln ausgedrückt worden sein. Hier zwei Erzählmodelle von Gabriele Wohmann:

- Zwei Schulfreundinnen, die früher mit ihren Puppen und deren Fähigkeiten geprahlt haben, sind nun erwachsen und prahlen, so wie vor 40, 45 Jahren ihre Mütter über sie gesprochen haben, über ihre beiden – man meint zunächst, ihre beiden Kinder, was die alles können und unternehmen. Es sind aber ihre Mütter, die von ihnen wie Kinder behandelt werden.[89]
- Asmus, ihr kleinlicher, bestimmender und streitsüchtiger Mann, ist nicht mit in die Ferien gekommen. Dafür hat sie in ihrem Hotel Nelson, einen Bekannten, getroffen. Nelson ist ein sehr liebenswürdiger Mann, liebevoll ihr, aufmerksam den Großeltern, verständnisvoll ihrem Sohn gegenüber. Sie liebt Nelson. Zum erstenmal seit ihrer Heirat verlebt sie schöne Ferien. Nelson ist eine Erfindung von ihr.[90]

Ein Textbeispiel:

Gabriele Wohmann: Verliebt, oder?[91]

Und dann, in der Passage zwischen den Schrebergärten, ist es verflucht schwierig gewesen, sich zu unterhalten, ich meine, man muß hintereinanderhergehen.
Er wußte nicht so recht weiter mit seinem Erzählstoff. [...]
Er und die andere: Arm in Arm? Hand in Hand gewiß nicht. Er war nicht der Typ für so was.
Er sagte: Heute willst du nicht so viel wissen, hm?
Ich fange an, mich dran zu gewöhnen, sagte sie.
Woran zu gewöhnen? Es klang argwöhnisch. Daß nichts dabei ist? Kein Weltuntergang, wenn ich mit ihr spazierengehe?
Ich gewöhne mich dran, daß du dich nicht gern dazu äußerst, sagte sie.
[...]
Sie beide gelangten nun in die vorhin von ihm erwähnte Passage, und sie versuchte, sich ihn und diese Sigrid vorzustellen, hier im Engpaß, in die Enge getrieben von den äußeren Umständen. [...]
Du bist ein bißchen zickig, oder? fragte er.
Nicht mehr als sonst, sagte sie.
Verliebt, oder? Das würde sie ihn nie mehr fragen.
Sie merkte, daß er jetzt aber sowieso an Sigrid dachte. Abends, mitten im Wetterbericht – was das Außergewöhnliche seiner Gemütsverfassung charakterisierte, denn von Kind an war er ein Hobbymeteorologe – fragte er sie:
Wie würdest du das finden, wenn ich mit Sigrid in diesen „E.T."- Film ginge? Sie meinte nur so, und du hast ja schon erklärt, daß du da nicht rein willst. [...]
Sie hatte plötzlich wieder diese Schluckbeschwerden. Wie neulich, als er zum ersten Mal ... alle ersten Male sind so ... Aber als er später von ihr wissen wollte, was er am besten anzöge, morgen nachmittag fürs Kino mit Sigrid, [...] da sagte sie:
Also hör mal, bei aller Geduld, mein Eindruck ist, du wiederholst da jetzt eine pubertäre Phase.
Wie bitte, fragte er. [...]
Zieh den hellblauen Sacco an, riet sie ihm. Sie ist bestimmt die Sorte Frau, die den mag.
Wie meinst du das nun wieder, wollte er wissen. [...]
Also hör mal, damit das klar ist: ich bin nicht eure Mutter.

Und auch nicht die Puffmutter, sagte sie leise zu sich selber, als sie ihm dabei zuschaute, wie er abzockelte, beleidigt, aber immer noch eine Spur aufgeregt kurz vor der Begrüßung dieser neuen Sigrid-Trophäe in ihrer aller Senioren-Wohnstift – wo sie ihn zwar vermutlich überleben müßte, und dennoch so eifersüchtig auf ihn war wie vor 53 Jahren und wie er auf sie von jeher. [...]

Der fremde Nächste

Erzählen Sie in der Ich-Form ein – wirkliches oder erfundenes – Gespräch oder eine Begegnung, eine Auseinandersetzung etwa mit einem nahen Verwandten (Vater, Mutter, Sohn, Tochter usw.), sprechen von ihm aber wie von einem völlig Fremden (‚der Mann', ‚der Herr' usw.) und geben seine Identität erst am Schluß preis. Verfremden Sie gegebenenfalls zunächst auch den Ort, wo das Erzählte spielt.
Wenn Sie wörtliche Rede gebrauchen und Schwierigkeiten mit der Anredeform haben, dann wählen Sie indirekte Rede; sie hat dann auch selbst verfremdende Wirkung.

Wir schließen eine Erzählung Tucholskys an:

Kurt Tucholsky: Kleine Begebenheit[92]

Der Strumpfwirker und der Bauerssohn waren in der Nacht von einem Ackergraben in den andern geklettert – warum sie es getan hatten, wußten sie nicht. Man hatte ihnen gesagt, sie sollten es tun. Herren, die lesen und schreiben konnten, hatten es ihnen gesagt. Im andern Ackergraben hatte man sie gleich angehalten, in derselben Nacht noch, und, weil sie fremdgefärbte Kleider anhatten, sie sehr geschlagen und in ein Haus gesperrt. Nachher saß ein Advokat hinter einem Tisch – er war so froh, hinter diesem Tisch sitzen zu dürfen! – und schrieb auf, was der Strumpfwirker und der junge Bauer zu sagen wußten. Da war noch ein Gastwirt, der schlug sie, wenn sie nicht genug sagten. Ein Besucher kam zu ihnen und sagte, man würde sie töten – und zwei Leute, ein Steinklopfer und ein junger Mensch, der noch keinen Beruf hatte und bei den Eltern lebte, bewachten sie von Stund an.
Vierundzwanzig Menschen wurden benötigt, um die beiden totzuschießen. Es meldeten sich, freiwillig, achtzig. Achtzig – darunter waren Verheiratete und Ledige, Stille und Freche, Kräftige und Schlappe – sonst brave Leute, die keinem etwas zuleide taten, und die nur so

gern einmal dabei sein wollten, um zu sehen, wie das wäre, wenn einer totgeschossen würde. Mehr: die ihn selbst totschießen wollten. Denn es war erlaubt ... Befehligt wurden sie von einem Kohlenhändler.

Am Morgen dieses Tages erschien der traurige Zug auf dem ungeheuern Schneefeld südlich des Dorfes. Voran der Bauer und der Strumpfwirker, zwischen zwei Leuten von denen, die man aus den achtzig ausgesucht hatte; ein Arzt aus einer großen Stadt, der dergleichen noch nicht gesehen hatte und gleichfalls begierig war, es zu sehen; und der Kohlenhändler mit seinen Leuten. Die beiden in dünnen Jacken zitterten vor Kälte und Todesfurcht. Der Zug machte hinter den Scheunen halt. Der Advokat, der mitgegangen war, zeigte den beiden ein Papier; aber sie froren und konnten auch nicht lesen. Man stellte sie an kleine schwarze Pfähle. Der Kohlenhändler sagte zu seinen Leuten, sie sollten ihre Gewehre laden. Er sagte es sehr laut, obgleich er nahe bei ihnen stand. Er hätte gewünscht, daß ihn seine Frau so sähe, wie er, der sonst Kohlen verkaufte, hier zwei Leute totschießen durfte. Die Schüsse knallten. Die beiden fielen um wie leere Säcke. Der Arzt aus der großen Stadt ging hin und sah sich genau ihre Wunden an. Dann verscharrte man sie.

Ich habe vergessen zu erzählen, daß alle verkleidet waren: die Gerichteten als serbische, die Henker als deutsche Soldaten.

Die Erzählung ist ähnlich gebaut wie bei Gabriele Wohmann, doch scheint die Identität der Personen recht bald durch: Es kommt hier weniger auf die Pointe an, sondern darauf, daß durch die satirische Verfremdung der Personen ihr Verhalten, das von Soldaten, jeweils und immer wieder als fragwürdiges, als unmenschliches **Rollenverhalten** erkannt wird:

Begegnung in fremden Rollen

Erzählen Sie in der Art Tucholskys ein Geschehen zwischen Menschen, die – etwa im Verkehr, in der Schule, bei einer Prüfung, vor Gericht, im Gefängnis, beim Militär, im Krankenhaus, im Altenheim usw. – sich in bestimmter, durch die Stituation mehr oder weniger festgelegter Weise (genauer: in bestimmten sozialen Rollen) begegnen und zueinander verhalten, aber so, daß Sie erst am Schluß sagen, durch welche Situation sie bestimmt gewesen sind (oder: welche soziale Rolle sie gespielt haben). Verfremden Sie zunächst auch den Ort, wo das Erzählte spielt.

Man kann auch so vorgehen, daß man die Erzählperson nicht überhaupt verfremdet, sondern in üblicher Weise schildert und nur eine **Eigenschaft,** eine **Angewohnheit** oder **Verhaltensweise** von ihr nimmt, die einen besonders an ihr irritiert, stört und befremdet oder an der sich eine Fremdheit ihr gegenüber vor allem festmacht, und sie wie ein Merkmal, eine Eigenschaft usw. einer anderen fremden Person darstellt. Ein Beispiel:

Gabriele Wohmann: Flitterwochen, dritter Tag[93]

Reinhard am dritten Tag gegen fünf, auf der Bierkneipenterrasse: du wirst deine Arbeit aufgeben. Du wirst einfach kündigen. Es war fast windstill, die Luft feucht. Ich kam aber nicht ganz dahinter, ob es mir richtig behagte. Ich starrte immer weiter den Mann mit der Warze an. Reinhard hob sein Glas, trank mir zu, mit irgend einem Trinkspruch auf unsere Zukunft. Die Warze sah wie ein Polyp aus. Reinhard schlug vor, so wie jetzt an der See auch später regelmäßig abends spazierenzugehen. Ja. Warum nicht? Schließlich: die Wohnung mit ihrer günstigen Lage. Unterm Hemd würde die Warze sich auch bemerkbar machen. Sie war mehr als einen Zentimeter lang. Seitlich vom Schlüsselbein stand sie senkrecht ab. Prost, Schatz, cheerio! Vielleicht, bei diesem Unmaß, hieß das nicht mehr Warze, was ich immer noch anstarrte. Liebling, he! Wir sind getraut! Du und ich, wir zwei – was man sich so zunuschelt kurz nach der Hochzeit. Reinhards Lieblingsgerichte, dann meine. Durch die Fangarme sah die Warze einer Narrenkappe ähnlich. Die Wohnung werden wir nach deinem Geschmack einrichten; der Garten – bloß Wildnis. Tee von Reinhards Teegroßhändler. Nett, so einig zu sein. Abwegiges Grau der See, und mein zweites Glas leer. Die Oberfläche der Warze war körnig, wie die Haut auf Hühnerbeinen. Reinhard hat noch zwei Stella Artois bestellt, ich fühlte nun doch ziemlich genau, daß es mir zusagte, das Ganze, Bier, diese Witterung, dies bemerkenswerte Meer und unser Gerede über alles, zum Beispiel: Hauptsache, du bist dein blödes Büro los. Das schrundige Ding auf der Schulter, erstarrtes Feuerwerk, stand nicht zur Debatte. Reinhard schützte wiedermal ein Schiff vor und starrte durchs Fernglas runter auf den Strand. Gewitter stand unmittelbar bevor, unser Zusammenleben auch, auch Abendspaziergänge, Teebestellungen, Leibgerichte, die Warze war immer noch sichtbar nun unterm Hemd, das der Mann anzog. Antonio Gaudi hätte sie geträumt haben können. Reinhard redete, und ich habe eine zeitlang nicht zugehört, weil ich – ich hätte schon ganz gern gewußt, ob das nicht wehtat, wenn mehr als nur ein Hemd auf die Warze Druck ausübte. Organisation, Schatz, sagte Reinhard, und er ist nicht nur billiger bei diesem Großhändler, es ist einfach besserer Tee. Weitere Stella Artois, die Schwüle war mir recht, das Meer lieb und wert, egal Reinhards Seitensprünge durchs Fernglas. Die leicht bekleidete Krake, der vertrauliche Vielfuß, Verruca die Warze. Freust du dich, Schatz? Reinhard war mir jetzt näher. Auf alles, Schatz? Und was man so sagt. Es war nett.

Der Mann mit der neukatalanischen Warze bezahlte. Dann verstaute er sein Fernglas in einem etwas abgeschabten Lederetui. Er stand auf. Da stand auch ich auf. Der Mann mit der Warze bahnte sich den besten Weg zwischen den Korbsesseln. Ich hinterher. Er brauchte nicht weiter auf mich zu warten, ich habe kaum gezögert, er wartete, wieder mir zugekehrt, die Warze, das Wappen, er wartete, Reinhard wartete, mein Mann mit der Warze.

Das Fremde an jemandem

Erzählen Sie eine – wirkliche oder vorgestellte – Begegnung mit jemandem, der eine Sie befremdende Eigenschaft oder Angewohnheit oder einen Tick des Sprechens, der Gestik oder Mimik aufweist, und schildern Sie es wie etwas an einer Ihnen völlig fremden Person.

5.3 Erzählen mit verfremdetem Erzählgeschehen

Unser Leben läuft zeitlich im Nacheinander ab. Die Ereignisse, die es vor allem bestimmen und hauptsächlich ausmachen, folgen aber nicht übersichtlich nacheinander, sondern überdecken, überkreuzen sich, sind teilweise lange verborgen oder erweisen sich, nachdem sie eine Zeitlang bestimmend schienen, dann doch als unwichtig. Eine sukzessive eindimensionale „erzählerische Ordnung" (Musil) verdeckt und verfälscht das. Um es darzustellen, sind Erzählformen von Belang, die eine **Diskontinuität** des Erzählgeschehens einrichten.

Eindimensionalität des Erzählgeschehens besteht u.a. darin, daß die erzählten Vorgänge auf bestimmte Ergebnisse zulaufen, die sich bald schon umrißweise und dann immer deutlicher abzeichnen. Das Erzählgeschehen baut eine **Erwartungshaltung** des Lesers auf, die immer bestimmter wird und sich schließlich irgendwie erfüllt. (Das Leben verfährt erfahrungsgemäß – leider – meist anders.) Eine Möglichkeit, die übliche Erzählweise zu verfremden, ist nun, konsequent so zu erzählen, daß eine bestimmte Erwartungshaltung aufgebaut und immer mehr befestigt wird – und am Schluß das gerade **Gegenteil** des

Erwartbaren eintreten zu lassen. Dabei sollte dies Gegenteil aber nicht beliebig oder nur um des Gags willen geschehen, sondern in ihm sollte sich ein tieferer und nach Möglichkeit der eigentliche Sinn des zuvor Erzählten darstellen. Ein Beispiel wäre die Novelle „Eveline" von James Joyce oder auch die Erzählung „Der Antrag" von Gabriele Wohmann (sie ist in Abschn. 6.1 „Erzählen in modernen Dialogformen" abgedruckt). Bekannt ist Franz Kafkas „Auf der Galerie":[94]

– Wenn eine hinfällige, lungensüchtige Kunstreiterin von einem erbarmungslosen Chef unentwegt im Kreis herum getrieben würde, dann würde ein junger Galeriebesucher vielleicht in die Manege stürzen und dem Einhalt gebieten. Da es aber nicht so ist, da die Kunstreiterin peinlich umhegt und liebevoll umsorgt wird, da das Publikum ihr begeistert huldigt und sie ihren Auftritt als großes Glück empfindet – weint der Galeriebesucher, ohne es zu wissen: Er reagiert mit diesem unerwarteten Verhalten nicht auf das wirkliche, sondern unbewußt auf ein mögliches, nur vorgestelltes Geschehen, weil es für ihn den eigentlichen Vorgang des wirklichen Geschehens ausmacht: die Erniedrigung des dressierten Menschen.

Von mir selbst überrascht

Erzählen Sie eine – wirkliche oder vorgestellte – Konfliktsituation, in der Sie sich entscheiden mußten oder müssen (in einer Partnerbeziehung, in der Familie, im täglichen Leben, im Beruf, in der Politik usw.). Erzählen Sie sie so, daß Sie einen bestimmten Entscheidungsprozeß vorführen und eine bestimmte Entscheidung einsichtig und erwartbar machen – und sich am Schluß für das Gegenteil entscheiden. Dabei sind zwei Schwerpunkte denkbar:

1. Sie wählen eine **Entscheidung,** die Sie vielleicht wirklich getroffen haben oder demnächst treffen werden, als feststehenden Schluß Ihrer Erzählung und erzählen dazu einen ganz andersartigen Entscheidungsprozeß, eine ganz andersartige Vorgeschichte. Dabei werden Gefühle, Wünsche, Sehnsüchte und Bedürfnisse deutlich, die bei dieser Entscheidung auch in Ihnen steckten, gegen die Sie sich vielleicht aber entschieden haben (aus Gründen der Konvention, der Rücksicht auf andere, aus einer unmittelbaren Zwangslage heraus usw.).

2. Sie wählen einen **Entscheidungsprozeß,** den Sie wirklich durchlaufen haben, versehen ihn aber mit einem anderen als dem tatsächlich getroffenen (Ent-)Schluß, nämlich mit dem eigentlich von Ihnen gewünschten, ersehnten, gewollten Ende. Hier können Sie im Raum der Phantasie durch die fiktive Umformung, nämlich durch das Umerzählen der tatsächlichen Entscheidung Möglichkeiten eines alternativen Handelns erkunden.

Eine Variante zur 2. Möglichkeit der vorstehenden Arbeitsanregung ergibt sich, wenn man in einer Gruppe schreibt und jeder eine Konfliktsituation beschreibt, die Lösung des Konflikts dann aber von einem anderen erzählt wird. Das Unerwartete liegt dann i.a., jedenfalls für den, der die Konfliktsituation erzählt hat, darin, wie ein anderer seinen Konflikt löst:

Du löst meinen Konflikt (Gruppenarbeit)[95]

Erzählen Sie, wie Sie in eine Konfliktsituation geraten bzw. wie eine Erzählfigur in sie gerät. Führen Sie die Entwicklung bis zu dem Punkt, wo Sie sich entscheiden müssen bzw. die Figur sich entscheiden muß, die Entscheidung aber noch offen ist.
Diese Erzählanfänge der Gruppe werden eingesammelt, gemischt und verlost. Jeder schreibt nun den erlosten fremden Erzählanfang zu Ende, läßt nämlich den Entscheidungsprozeß in eine einsichtige, vielleicht aber unerwartete Entscheidung münden und löst den Konflikt.
Ein aufwendigeres Verfahren ist, zwei Durchgänge zu machen und als eine Art Einübung alle Teilnehmer zunächst wie eben dargestellt schreiben zu lassen und in einem zweiten Durchgang **einen** besonders ergiebigen Erzählanfang aus dem ersten Durchgang von allen – auch von dessen Verfasser, der dann am Schluß von den anderen erraten werden kann – weitererzählen zu lassen.

Eine andere Möglichkeit, die eindeutige Eindimensionalität des üblichen Erzählens zu durchbrechen, wäre, **wirkliches** und nur **vorgestelltes** Geschehen zu vermischen, etwa vorgestelltes Geschehen zeitweilig als wirkliches Geschehen erscheinen zu lassen. Ein Beispiel:

Gabriele Wohmann: Schilderung eines Aufenthaltes[96]

Wir haben uns nicht am Bahnhof getroffen; es hätte zu gut ins Bild gepaßt. In einem „Stadtschänke“ genannten Lokal nicht weit vom Bahnhof wartete er auf mich oder ich auf ihn – ich gehe dem nicht nach. Wir sitzen nun ganz hinten in der einzigen Nische in dem an Braunschattierungen reichen Lokal. Er sagt etwas, wahrscheinlich übers Wetter, natürlich kommt die Sprache auf Reisegenossen, Anschlüsse, möglicherweise wird auch der eine oder andere Abfahrtstermin in Aussicht gestellt. [...]
Wir sind in die Kunsthalle eingetreten, treten ein: sie ist leer, es ist Donnerstagnachmittag gewesen, ist's noch – und ist einfürallemal Donnerstagnachmittag, wenn ich mich hiermit beschäftige. Die Bilder

haben mir allesamt nicht gefallen. Ich werde mich wohl kaum dazu geäußert haben. Er wird wohl hin und wieder in der leeren – und überheizten – Kunsthalle meinen Arm angefaßt haben, und es stand immer noch fest, daß wir uns irgendwann küssen würden und stand bevor. [...]

Wir essen was, haben keine Lust dazu, doch sind wir hungrig und – ich lasse Einzelheiten aus, ich beschränke mich auf die Angabe: das Essen war nicht gut und lauwarm. Unmittelbares Bevorstehen unseres Küssens, wahrscheinlich in der Nähe des Bahnhofs. Während wir ein Paar beobachten, einen Kupferstich betrachten, Unterschriften entziffern, mit einem Kellner verhandeln, Münzen abzählen, können wir in Bahnhofsnähe nicht umhin – aber ich wiederhole mich nicht, gewiß nicht.

Und nun kommt das vermeintliche Ende deines vermeintlichen Aufenthalts, oder ist gekommen. Nimm einen späteren Zug; aber du bist nicht da. Der vermeintliche Abschied; bleib, wo du nicht warst. Es ist angenehm: es ist nichts. Geh nicht, bleib nicht, komm nicht: kein Wort wahr. Ich werde durch die Stadt zurückkehren: nein. Ich bin nach wie vor in meiner Behausung, abwartend.

Taggeträumte Wirklichkeit

Sie haben sicherlich schon einmal etwas tun wollen und sich vorgestellt, vielleicht taggeträumt, daß und wie Sie es tun – und es nachher doch nicht getan.

Erzählen Sie einen – wirklichen oder auch erfundenen – Vorgang dieser Art, indem Sie das, was Sie sich vorgestellt oder das Sie taggeträumt haben, zunächst oder streckenweise wie etwas wirklich Geschehenes schildern.

Das umgekehrte Verfahren der Verfremdung des Erzählgeschehens wäre, etwas **Wirkliches,** ein wirkliches Ereignis, als etwas **Vorgestelltes** (beispielsweise eine Eheschließung als Verurteilung zu lebenslanger Haft) zu erzählen, wobei mit dem so Vorgestellten das eigentliche Wesen des wirklichen Geschehens gemeint sein soll:

Franz Hohler: Die Hinrichtung[97]

Gestern habe ich einer Hinrichtung beigewohnt.

Zum Tode verurteilt war eine Frau von etwa fünfzig Jahren. Sie näherte sich dem Richtplatz von rechts in einem Auto, indem sie drei in ei-

ner Stopstraße wartende Wagen überholte und auf die Kreuzung hinausfuhr, wo eine Kolonne von stehenden Wagen in der Mitte eine Lücke für die Verurteilte freigelassen hatte.
Während sie auf diese Lücke zusteuerte, nahte hinter der Kolonne auf der Gegenfahrbahn, für die Verurteilte unsichtbar, in einem Sportwagen der Scharfrichter.
Seine Fahrt war gut berechnet.
Im selben Moment, in dem die Verurteilte durch die Lücke fuhr, prallte er von rechts in ihren Wagen, der dadurch leicht in die Luft gehoben wurde und weiter links auf der Kreuzung zum Stehen kam.
Die Verurteilte war bewußtlos an die seitliche Scheibe gesunken, ein roter Blutstreifen rann über ihre Stirn. Als die blauuniformierten Vollstreckungswächter die Tür öffneten, um ihren Körper wegzubringen, atmete sie noch, aber es war ein Atmen, das zeitweise in ein Röcheln überging.
Der Scharfrichter hatte beim Austeigen nichts mehr von einem Scharfrichter an sich. Er sah ratlos zu, wie das Kühlwasser aus seinem zerstörten Wagen auslief, zitterte am ganzen Leib und machte überhaupt den Eindruck eines verzweifelten Menschen.
Er hatte, wie sich später herausstellte, nichts von seiner Ernennung zum Scharfrichter gewußt.
Ebenso hatte die Frau, das versicherten ihre Angehörigen, nichts von ihrer Verurteilung erfahren, und auch mir hatte niemand gesagt, daß ich zum Zeugen bestellt worden war.

Ein Ereignis – oder was es eigentlich auch ist

Erzählen Sie in ähnlicher Weise ein – möglichst alltägliches – Ereignis beispielsweise

- als Prüfung,
- als Gerichtsverhandlung,
- als Strafe,
- als Gefangenschaft,
- als Folterung,
- als Sterben usw.

5.4 Mehrperspektivisches Erzählen

Eine Erzählform, die die traditionellen Figuren und Handlungen des Erzählens, aber auch seinen Erzähler stark verfremdet, ist die des **mehrperspektivischen Erzählens.** Sie könnte eine sehr schwierige und vor allem künstliche Form scheinen, bildet aber eigentlich nur eine jedem vertraute Gegebenheit unserer Wahrnehmung und unserer Lebenswirklichkeit ab. Dazu eine kurze Vorüberlegung:

Ein Ding, ein Vorgang, ein Ereignis ist immer das, als was wir es wahrnehmen. Aber jeder nimmt je nach Veranlagung, Stimmung, Bedürfnissen, Interessen, Erziehung, kultureller und gesellschaftlicher Prägung anders wahr. So ist jedes Ding, jeder Vorgang, jedes Ereignis zunächst – von den Gemeinsamkeiten der Wahrnehmung, wie sie sich durch gleiche anthropologische, geschichtliche, gesellschaftliche und intersubjektive Bedingungen sowie aus dem kommunikativen und mitmenschlichen Verhalten der Individuen ergeben, sehen wir einmal ab – das, als was jeder einzelne sie in seiner **‚Perspektive'**, also in mehr oder weniger verschiedener Weise wahrnimmt. In einem Roman (Christoph Heins „Horns Ende"), der diese Perspektivität dadurch abbildet, daß er das Geschehen aus der jeweiligen Sicht von fünf Personen erzählt, sagt eine der Personen, ein Arzt:[98]

> Unsere Erinnerungen sind eben keine nüchternen Aufzeichnungen, keine Filmaufnahmen. Unser Bewußtsein arbeitet mit tausend Spiegeln, von denen jeder tausendfach gebrochen ist. Wir nehmen wahr und erinnern uns nach der genetisch bedingten Zahl dieser Spiegel und ihrer Brüche und Winkel. Bevor etwas in unsere Erinnerungen eingeht und festgehalten wird, wurde es eingreifend verändert. Was wir aufzeichnen, ist eine unseren Genen gemäße Verzerrung. Wir speichern nicht ein Geschehen, sondern unser Bewußtsein, unser Denken über ein Ereignis. Es sind persönliche Erinnerungen, was nicht weniger sagen will, als daß all unser Erinnern kein Bild der Welt liefert, sondern ein durch das Spiegelkabinett unseres Kopfes entworfenes Puzzle jenes Bildes mit unseren individuellen Verspiegelungen, Auslassungen und Einfügungen. Das mag als Bild der Welt erscheinen und dient uns auch als Weltbild, in Wahrheit ist es allein eine Darstellung unseres Bewußtseins, wie wir den gebrochenen Spiegel unseres Gehirns zu nennen pflegen.

Hinzu kommt: Auch eine Person ist nicht einfach das, als was sie selbst sich wahrnimmt. Sie ist immer in einiger Hinsicht das, als was andere sie wahrnehmen, auffassen, anerkennen und was sie davon übernimmt. Sie ist immer auch durch den „Blick des andern" (Sartre), durch das „Bildnis", das andere sich von ihr machen (Max Frisch), und durch ihr Reagieren darauf bestimmt.

Das sind nun keine sehr neuen Einsichten. Befremdlich finden wir es oft nur, wenn sie im Erzählen verwirklicht sind, denn wir sind daran gewöhnt, daß sie hier i.a. nicht gelten. **Traditionelles Erzählen** ist ganz vorwiegend einperspektivisch: Zunächst dann, wenn es entscheidend durch einen **Erzähler** bestimmt ist, der auktorial oder gar allwissend erzählt. Dann ist die einzige Perspektive, unter der das Erzählgeschehen, die Figuren und ihr Handeln gesehen werden, die Perspektive des ins Innere seiner Figuren sehenden und ihr Handeln vorauswissenden Erzählers. Doch ergibt sich Einperspektivität auch dann, wenn die **Erzählfiguren** so erzählt werden, daß sie als – identische – Mittelpunktshelden sehr autonom aus sich und ihren Kräften die Erzählhandlung hervorbringen. Und das kann sich wieder mit der Einperspektivität des Erzählers verschränken, dann nämlich, wenn der ‚autonome' identische Held gleichzeitig Ich-Erzähler ist, aber auch dann, wenn der Erzähler auktorial an einem Mittelpunktshelden orientiert erzählt.

In jedem Fall ist konventionelles Erzählen üblicherweise – auch wenn es Perspektivenwechsel und -brüche aufweist – **einperspektivisch:**[99] Es erzählt **eine** identische Handlung (und nicht Handlung in verschiedenen Varianten und Versionen oder gar verschiedene Handlungen), denn es erzählt Handlung i.a. nur so, wie sie von **einem** identischen Erzähler (und nicht von verschiedenen Erzählern) wahrgenommen und dargestellt ist, wobei dieser Erzähler meist ‚heldenorientiert' allein aus der Perspektive **einer** Mittelpunktsfigur (und nicht mehrerer Figuren) und dabei einer **identischen** Mittelpunktsfigur erzählt.

Ein solches Erzählen stellt eine Reduktion der Wirklichkeit dar. Es reduziert die Realität, wie sie wirklich ist, um wesentliche mitmenschliche und gesellschaftliche Aspekte. Es reduziert sie, die es nur gibt im Zusammen-, im Mit- und Gegeneinander mehrerer einzelner, jeweils individuell wie gesellschaftlich bedingter Wahrnehmungsweisen von Geschehnissen, Verhältnissen wie Personen, auf **eine** Wahrnehmungsweise. Es macht so aus unserer vieldimensionalen eine eindimensionale Wirklichkeit. Damit macht es unsere Welt auffaßbarer, übersichtlicher, überschaubarer, ‚erzählbarer' eben, stiftet Einheitlichkeit, Sinn und Ordnung in ihr, **verfälscht** sie aber. Denn die Reduktion, die es vornimmt, bedeutet eine Umdeutung, durch die unsere immer auch mitmenschlich-gesellschaftlich bestimmte Welt tendenziell auf subjektive Momente, auf ihren subjektiven Faktor, reduziert wird, womit praktisch die Bedeutung von Intersubjektivität und Gesellschaft herabgestuft und im Extremfall eine verabsolutierte Subjektivität, wie sie die neuere Entwicklung unserer (bürgerlichen) Welt teilweise verhängnisvoll bestimmt hat, gefeiert wird.

Die nächstliegende Möglichkeit mehrperspektivischen Erzählens ist, ein Geschehen in verschiedenen Erzählzugriffen oder -strängen jeweils aus der **Sicht** der verschiedenen beteiligten **Figuren** darzustellen. Das geschieht am nachhaltigsten so, daß die einzelnen Figuren in der Ich-Form erzählen; so verfährt beispielsweise Christoph Hein in seinem Roman „Horns Ende". Doch könnten die verschiedenperspektivischen Erzählstränge auch wie in Alfred Anderschs Roman „Sansibar oder der letzte Grund"[100] in der Er-Form erzählt sein. – Man kann leicht eigene Erfahrungen mit mehrperspektivischem Erzählen machen, indem man eine Geschichte, die nur in einer Perspektive bzw. aus der Perspektive einer bestimmten Figur erzählt ist, auch in anderer Perspektive bzw. aus der Perspektive einer oder anderer Figuren erzählt:

Marie Luise Kaschnitz: Der Student[101]

Der Student kommt in das bürgerliche Haus mit Unwillen, nur des leichten Geldverdienens wegen, er hat seine Bücher und Hefte mitgebracht, es kann ja sein, daß die Kinder schlafen, gewonnenes Geld, gewonnene Zeit. Die Eltern, gepflegt angezogen, verabschieden sich. Die Kinder, zwei Jungen und ein Mädchen, werden ihm noch gezeigt, sie schlafen in der Tat, rosig in rosa geblümten Nachtkleidern, die Arme über dem Kopf. Der Student fängt an zu lesen, macht sich Notizen, hört die Uhr zwölf Uhr schlagen, vergißt die Zeit. Plötzlich stehen alle drei Kinder vor ihm und sehen ihn feindselig an. Der Student fordert sie freundlich auf, sich wieder schlafen zu legen, er will das kleine Mädchen bei der Hand nehmen, aber das Kind ballt die Hand zur Faust. Plötzlich fangen alle drei Kinder an zu schreien, gellend, wie einstudiert, man hört es gewiß überall im Haus. Seid um Gottes willen still, sagt der Student und wundert sich über die altmodische Redewendung, die er da gebraucht. Den Kindern macht sie keinen Eindruck, sie rufen ihm jetzt Schimpfworte und die allerunanständigsten zu. Das kleine Mädchen fordert ihn auf, seinen Hosenlatz zu öffnen, als er es nicht tut, zerreißt sie sein Heft und streut die Fetzen auf den Spannteppich, wo sie in der Zugluft tanzen. Der Student, der jetzt sehr wütend ist, schlägt vor, ein Spiel zu spielen. Ja, rufen die drei Kinder, wir spielen totmachen, wir machen dich tot. Sie haben plötzlich kleine Pistolen in den Händen und schießen, daß dem Studenten die Ohren gellen. Den Schlüssel, der sich im Schloß dreht, hört er nicht, aber die Kinder hören ihn, springen in ihre Betten, liegen da ruhig, rosig, die Hände über dem Kopf. Die Eltern entlassen den Studenten eisig, daß er auf seinen Lohn verzichtet, finden sie selbstverständlich, er hat versagt.

Die Kinder werden wohl Gründe für ihr Verhalten haben, die werden aber nicht erkennbar:

Varianten und Versionen I

Erzählen Sie die Geschichte einmal (in der Ich-Form) aus der Perspektive eines der Kinder.

Tanja Zimmermann: Eifersucht[102]

Diese Tussi! Denkt wohl, sie wäre die Schönste, Juhu, die Dauerwelle wächst schon raus. Und diese Stiefelchen von ihr sind auch zu albern. Außerdem hat sie sowieso keine Ahnung. Von nix und wieder nix hat die 'ne Ahnung.
Immer, wenn sie ihn sieht, schmeißt sie die Haare zurück wie 'ne Filmdiva.
Das sieht doch ein Blinder, was die für 'ne Show abzieht.
Ja, O.K., sie kann ganz gut tanzen. Besser als ich. Zugegeben. Hat auch 'ne ganz gute Stimme, schöne Augen, aber dieses ständige Getue. Die geht einem ja schon nach fünf Minuten auf die Nerven.
Und der redet mit der ... stundenlang. Extra nicht hingucken. Nee, jetzt legt er auch noch den Arm um die. Ich will hier weg! Aber aufstehen und gehen, das könnte der so passen. Damit die ihren Triumph hat.

Auf dem Klo sehe ich in den Spiegel, finde meine Augen widerlich, und auch sonst, ich könnte kotzen. Genau, ich müßte jetzt in Ohnmacht fallen, dann wird ihm das schon leid tun, sich stundenlang mit der zu unterhalten.
Als ich aus dem Klo komme, steht er da: „Sollen wir gehen?"
Ich versuche es betont gleichgültig mit einem Wenn-du-Willst, kann gar nicht sagen, wie froh ich bin. An der Tür frage ich, was denn mit Kirsten ist. „O Gott, eine Nervtante, nee, vielen Dank!" ...
„Och, ich find die ganz nett, eigentlich", murmel ich.

Die Ich-Erzählerin läßt nichts von dem nach außen dringen, was sie fühlt, und sagt am Schluß das Gegenteil von dem, was sie vorher empfunden hat. Vielleicht sagt auch ihr Freund nicht, was er wirklich meint. Und wie Kirsten alles sieht, erfährt man überhaupt nicht:

Varianten und Versionen II (Partner- oder Gruppenarbeit)

Erzählen Sie die Geschichte, vielleicht in Partner- bzw. Gruppenarbeit, noch einmal (in der Ich-Form) aus der Perspektive des Freundes und aus der Perspektive Kirstens. Fassen Sie jeweils eine solche Freund- und eine Kirsten-Geschichte mit der ursprünglichen zu einer Gesamtgeschichte zusammen, und lesen Sie alles zusammen vor.

In der Novelle „Drachenblut" von Christoph Hein erzählt die Ich-Erzählerin, sie ist Ärztin, bald 40 und geschieden, von einem Besuch bei ihren Eltern:[103]

> Ich ärgerte mich, daß ich zu den Eltern gefahren war. Wir hatten uns nichts zu sagen. Und ich wußte, ich würde in einem Jahr wieder zu ihnen fahren und im Jahr darauf und so fort, bis endlich der Tod uns scheiden würde. [...] Abends unterhielten wir uns zu dritt. Wir sprachen über meine Kindheit und frühere Bekannte in G., wo wir vor Jahren gelebt hatten. Vater war lustig und redselig wie nie, und Mutter schien glücklich zu sein. Mich wunderte, daß wir so gänzlich verschiedene Erinnerungen in uns trugen. Eine Zeit, die mich ängstigte und bedrückte, erschien ihnen heiter und angefüllt mit possierlichen Späßen und Anekdoten. Sie mußten glücklich gewesen sein, als ich so unglücklich war. Wir hatten uns nie verstanden.

Varianten und Versionen III

Erzählen Sie ein Erlebnis, das Sie mit jemandem oder in Gegenwart von jemandem hatten (etwa einem Elternteil, Ihrer Freundin/Ihrem Freund, Ihrer Frau/Ihrem Mann, Ihrem Kind usw.), in verschiedener Perspektive: Erzählen Sie es (in der Ich-Form) zunächst so, wie Sie selbst es erlebt haben, und dann so, wie die oder der andere es aufgrund ihrer Äußerungen oder nach Ihrer Vermutung erlebt haben dürften.

Mehrperspektivisches Erzählen kann nicht nur so erfolgen, daß eine identische Geschichte in den Versionen verschiedener Personen erzählt wird. Es kann ja auch so sein, daß je nachdem, wie eine Person ein Ereignis erlebt, dies Ereignis für sie ein ganz **anderes Geschehen** mit **anderem Verlauf** und **anderem Ergebnis** als bei den anderen Personen ist. Es kommt dann bei der erzählten Geschichte nicht so sehr auf ein bestimmtes Erzählgeschehen an, sondern darauf, wie sich in einem Erzählgeschehen eine Person mit ihrem bestimmten

Wahrnehmen und Erleben abbildet. Ein eindrucksvolles Beispiel dafür ist Ryunosuke Akutagawas Erzählung „Im Dickicht“:[104]

– Ein Ritter reitet mit seiner Frau über Land und wird in einem dichten Gebüsch von einem Räuber überfallen, der ihn fesselt und seine Frau vergewaltigt. Der Ritter wird ermordet. Dies Geschehen wird durch verschiedene Zeugenaussagen vor einem Gericht festgestellt. Danach folgt das Geständnis des gefangengenommenen Räubers vor dem Gericht, die Beichte der Frau in einem Tempel und die Aussage des Ritters durch den Mund einer Miko (einer Tempeldienerin); von allen dreien muß angenommen werden, daß sie die Wahrheit sagen: Der **Räuber** berichtet stolz, wie er nach der Vergewaltigung der Frau den Ritter in hartem Kampf erschlagen hat; eine Frau im Beisein ihres Mannes zu vergewaltigen, bedeutet, ihn zu besiegen, zu vernichten. Die **Frau** berichtet, sie habe ihre Schande nicht ertragen können und sich umbringen wollen, aber auch ihren Mann, der alles gesehen hatte, damit ihre Schande nicht auf immer in ihm weiterlebe; so hat sie zunächst ihn getötet, dann aber nicht die Kraft gehabt, auch sich umzubringen. Der **Ritter** berichtet, wie er von Eifersucht wie vernichtet war, als seine Frau sich bei der Vergewaltigung dem Räuber hingegeben hat, und sich deshalb selbst das Leben genommen hat: In der Tötung des Ritters durch die jeweils erzählende Person ist abgebildet, was das extreme Geschehen der Vergewaltigung einer Frau in Gegenwart ihres Mannes für jeden der Beteiligten bedeutet, nämlich etwas ganz Verschiedenes.

Peter Bichsel: [Im Badezimmer][105]

Eine wahre Geschichte: Die Frau des Hausherrn nimmt ein Bad, im Zimmer sitzt der Hausherr mit einem Freund, sie trinken etwas, Bier vielleicht. Nach einiger Zeit behauptet der Freund, dringend zu müssen, und der großzügige Hausherr weist den Freund ins Badezimmer und wartet, und der Freund kehrt nicht zurück, und die Sache endet mit einer Schlägerei, mit Treppenstürzen [... Der Hausherr stirbt].

Ein Ereignis – drei Personen – drei Geschichten (Gruppenarbeit)

Bilden Sie eine Dreiergruppe. Legen Sie gemeinsam Alter, Name, Beruf der drei Personen und ihre Beziehungen zueinander fest. Wählen Sie jeder eine Person. Und nun erzählen Sie (jeweils in der Ich-Form) die Geschichte

– als der Freund und bringen Sie den Hausherrn um,

– als die Frau und bringen Sie Ihren Mann um,
– als der Hausherr, der bei einer spiritistischen Sitzung als Geist erscheint, und bringen Sie sich selber um.

Wählen Sie zusammen eine Überschrift für Ihre (dreiteilige) Geschichte. Sie können aber auch eine beliebige andere Dreiecksgeschichte – mit möglichst dramatischem Ausgang – nehmen bzw. gemeinsam entwerfen und in entsprechender Weise erzählen.

Mehrperspektivisches Erzählen muß nicht unbedingt Erzählen über verschiedene Personen sein, es kann auch mit einer Person erzählen, die sich andere Personen, ihr Fühlen, Denken und Reagieren nur **vorstellt.** Eine Erzählform, die das darstellt, kann z.B. daran anschließen, daß man, wenn man selbst einmal etwas Ungewöhnliches und andere Schockierendes getan hat, sich überlegt und oft intensiv ausmalt, wie andere es wohl wahrgenommen und aufgefaßt haben mögen. Ein Beispiel ist Gabriele Wohmanns Erzählung „Die Sintflut". Es geht – u.a. – darum, daß eine Mutter ihren schwierigen und behinderten Sohn loswerden will. Stellvertretend für ihn stößt sie in geistiger Verwirrung ihren Freund, der nicht schwimmen kann, ins Wasser. Mit ihm war sie, während ihr Sohn krank im Bett liegt, unterwegs, um sich zu vergnügen. Nun denkt sie in einem vorgestellten Verhör an die Ereignisse zurück und stellt sich vor, wie andere sie sehen könnten:

Gabriele Wohmann, aus: Die Sintflut[106]

[Mutter:] Fragen Sie mich nicht so aus. Sogar die Polizei hat mich verschont – das soll nicht heißen, daß ich mich davor drücke, im Gegenteil, ich will ja, erinnern will ich mich. [...] Ich sagte zu Splett, der mich wohl nicht gehört hat: Ganz recht, ja, ich bin nun entschlossen, Randolf dort hinzutun, Randolf wegzugeben. Randolf? So heißt mein Sohn und nicht nur er. Es ist auch der Name meines Mannes. [...] Ich sagte zu Splett, ich gebe Randolf weg, aus dem Haus mit ihm, es ist besser für ihn, auch mein Mann meint das übrigens, es ist wirklich besser, sie vollbringen Wunder auf diesen Schulen, ich meine jetzt, auch mit lediglich etwas gehemmten Kindern, sie müssen gar nicht geistig – Schwierige Kinder gehören nicht in öffentliche Schulen. Er stottert ja auch. Er sieht wenig, ich meine: schlecht.

[Lehrerin:] In der ersten Bank hat er Angst. Da hat er keinen, hinter dem er sich verkriechen kann. Ich habe mir alle Mühe mit ihm gegeben, aber er sprengt nun mal die Klassengemeinschaft. [...] Er fügt sich nicht ein. Er beängstigt die andern, gesund empfindenden Kinder, deren natürliche, ich möchte fast sagen, gesunde und angeborene Rigorosität er mit seiner destruktiven Labilität provoziert.

[Schwester:] Ich mag ihren Sohn, nicht, oder mitunter, mitunter nicht, ich mag ihn schon, zum Beispiel schreibt er mir kleine Verse hin und wieder, das zum Beispiel mag ich oder kaum, wenn ich auch nicht finden kann, daß er der Sohn ist, den man von meiner Schwester erwartet hätte.

[Mutter:] Ich nehme ihn da wieder raus, sobald er nicht mehr stottert, und wenn das mit seiner Bindehaut in Ordnung gekommen ist, sie vollbringen wahre Wunder auf diesen Sonderschulen und was soll ich mit ihm zu Haus, er hält nichts von mir, sagte ich zu Splett, der sich mit dem Schaffner wegen Rückfahrtbussen besprach und mich nicht gehört hat [...].

[Lehrerin:] Ich gebe es zu: seine schlechten Sehbedingungen machen ihn dem Sport gegenüber – ich möchte sagen: befangen. Das nimmt ihm keiner übel, das verdenkt ihm niemand. Es versteht sich von selber, daß von den Mitschülern, die ich in diesem Zusammenhang lieber „Kameraden“ nennen möchte, kein jugendfremdes Zartgefühl zu erwarten ist bei tölpelhaftem oder auch bockigem Verhalten Randolfs. Mit andern Worten: sie lachen und lachen aus. Und Randolf, anstatt mitzulachen? Weint, ja **weint,** Sie haben sich nicht verhört, weint [...].

[Schwester:...] vom ersten Tag an war mit dem Kind nichts los, ich meine, äußerlich, schorfig und so, jedes nur mögliche Ekzem auf seiner Greisenstirn, und das hat aber nunmal nichts damit zu tun, daß ich meinen Neffen liebe –

[Mutter:] Ich bin richtig froh darüber, daß er augenblicklich wenigstens krank ist, sagte ich zu Splett, der es nicht hörte, diesmal in einem städtischen Bus zurück bis Pier Bottom. – [...] endlich Schluß mit dem Verseschmieden, Hinfallen, Stottern, Erblinden – Schluß damit, einfürallemal, was diese Stadt, diese Straße, dies Haus betrifft, mag es hinter den Schumannschen Mauern stattfinden, ich sehe es nicht, ich sehe weg, ich höre es nicht mehr [...]. Ich rede mich raus, wenn Sie wollen. Ich lüge, ja. Ich neige dazu; Randolfs Lehrerin lügt ebenfalls – aber er hat gar keine. Am Ludwig-Emanuel-Gymnasium unterrichten nur Männer, jeder weiß das. – Meine Schwester lügt – aber ich habe keine. Ich bin allein. Nur meine Stimme.

Wie sehen mich die anderen?

Erinnern Sie sich oder stellen Sie sich vor: Sie haben etwas Ungewöhnliches, Schockierendes, Problematisches getan (Ihren Lehrer/Vorgesetzten/einen Politiker geohrfeigt, Ihr Auto verbrannt, Ihren Beruf/Ihre Familie verlassen usw.) oder wollen oder könnten es tun.
Erzählen Sie den Vorgang jetzt so, wie Sie ihn erleben bzw. erleben würden und wie – wirkliche oder fiktive – andere ihn wahrgenommen und sich zu ihm verhalten haben könnten.

Dieses mehrperspektivische Erzählen mit vorgestellten Personen kann auch die eigene Person gleichsam als vorgestellte Person: als alter ego, betreffen. Dies **‚zweite Ich'** kann der verselbständigte Held der eigenen Tagträume sein, kann das Wunsch- oder Idealbild sein, das man von sich hat, kann ein Gegenbild, auch ein Fluchtbild sein, das man von sich entwirft. Ein Beispiel:

Marie Luise Kaschnitz: Deckadresse[107]

Die Deckadresse der Maria G. lautet Maria G. Es ist die einer freundlichen älteren Frau, die in einer hübschen mit alten Möbeln ausgestatteten Wohnung lebt und für jeden zu sprechen ist. Die Tee einschenkt, wenig von sich redet, viel fragt, den andern zu Wort kommen läßt, zu seinem Wort. Während Maria G. jung, zumindest ohne jedes Alter ist, ungeduldig, unduldsam, von Menschen rasch ermüdet, dabei selbst schwatzhaft, geltungssüchtig und voll Zorn. Sie möchte Grimassen schneiden, Schimpfworte gebrauchen, Koseworte, einen Gast an den Haaren reißen, einen Gast in blinder Liebe umarmen. Mit dem was sie schreibt, ist sie nie zufrieden, sie glaubt aber, daß sie noch Zeit hat, es besser zu machen, weil sie sich nicht vorstellen kann, daß das Leben zu Ende geht. Sie hat Ängste und furchtbare Träume, lebt deswegen zeitweise unter ihrer Deckadresse, bildet sich dann ein zu sein wie diese Frau Maria G., gottergeben, todergeben, voller Liebe und Geduld.

Mein zweites Ich

Beschreiben Sie zunächst Ihr ‚zweites Ich' (Ihr Wunsch-, Ideal-, Gegen- oder Fluchtbild von sich) etwas genauer: wie es aussieht, wie es sich kleidet, was es macht, wo es wohnt usw. Erzählen Sie dann eine Begegnung mit ihm: Wie Sie es treffen, etwa beim Sport, zu Hause besuchen, vielleicht auch einen Krankenbesuch bei ihm machen oder gar zu seiner

Beerdigung kommen, wie Sie etwas mit ihm gemeinsam unternehmen usw.

Eine weitere Möglichkeit mehrperspektivischen Erzählens ist, die **Erzählfigur** zu perspektivieren. Üblicherweise werden Erzählfiguren je nach der Erzählsituation, in der erzählt wird, in einer bestimmten Perspektive dargestellt: vom auktorialen Erzähler her, von der Figur aus oder auch neutral in bloßer Außensicht. Diese Perspektiven vermengen sich manchmal miteinander, doch werden üblicherweise nicht verschiedene oder gar kontrastierende Perspektiven zusammen gebraucht. Eben das kann man aber tun und beispielsweise eine Person gleichzeitig in bloßer **Außensicht,** wie ein anderer sie sieht, und in reiner **Innensicht** (etwa eines inneren Monologs), wie sie selbst sich sieht, oder man kann zwei Personen, wie sie sich wechselseitig sehen, darstellen. Man erhält so etwas **komplexere Personendarstellungen** als üblich und kann durch die Erzählform auch ansatzweise abbilden, wie jeder einzelne nicht einfach nur durch sich und sein Selbstverständnis, sondern immer auch durch den ‚Blick des andern', durch das ‚Bildnis', das andere sich von ihm machen, nämlich durch die Antizipation dieses Bildes sowie die Reaktion auf dieses Bild bestimmt ist.

Außen- und Innensicht (Gruppen- oder Partnerarbeit)[108]

Stellen Sie sich vor: Sie treffen oder sehen eine Person, die Sie interessiert und die Sie deshalb aufmerksam, genau und lange betrachten (gegebenenfalls fotografieren oder filmen). Beschreiben Sie, was Sie, ohne sie zu kennen, also ganz von **außen,** an ihr wahrnehmen und beobachten.

Nachdem jeder in der Gruppe einen Text geschrieben hat, werden die Texte in Umschläge gesteckt und verlost: Sie sind nun die Person, die Sie erlost haben. Schreiben Sie zu der erlosten Außenbeschreibung als diese Person einen Text in **Innensicht** (in innerem Monolog): Was denken, was fühlen, welche Ängste, Wünsche, Absichten haben Sie? (Gegebenenfalls können Sie auch beschreiben, wie Sie es empfunden haben, daß Sie beobachtet bzw. fotografiert/gefilmt wurden, wie Ihrer Vermutung nach der Beobachtende Sie wahrgenommen hat und was das bei Ihnen bewirkt hat.)

Sie können die beiden Texte auch ineinanderschneiden: Dann wählen Sie sich einen Partner und bilden in dem ersten Text (Außensicht) Sinnabschnitte, zu denen dann jeweils Abschnitte in Innensicht geschrieben werden.

Lesen Sie gemeinsam mit dem Verfasser der Außenbeschreibung bzw. mit Ihrem Partner nun Ihre Texte vor.

Aufeinander zu (Partnerarbeit)[109]

Wählen Sie mit Ihrem Partner eine Situation aus, in der zwei Menschen aufeinander zukommen, jemand etwa unterwegs zu einem anderen ist und dieser auf ihn wartet. Ein Beispiel ist Gabriele Wohmanns Erzählung „Die Klavierstunde“:[110] Ein kleiner Junge ist auf dem Weg zur Klavierstunde, vor der er Angst hat, bei einer alten Klavierlehrerin, die er haßt. Die kopfschmerzgepeinigte Klavierlehrerin, die ihn widerlich findet, wartet auf ihn.
Andere Beispiele wären: Nachhilfestunden, Besuch / Krankenbesuch, erstes Treffen auf eine Heirats- / Kontaktanzeige hin, Treffen mit der (neuen) Freundin / dem (neuen) Freund usw.
Bestimmen Sie gemeinsam die beiden Personen etwas näher, etwa nach Geschlecht, Name, Alter, Beruf, und wählen Sie jeder eine der Personen. Erzählen Sie nun unabhängig voneinander aus der Perspektive Ihrer Person (in einem inneren Monolog), was sie während der Zeit, in der die beiden aufeinander zu kommen, tut, sieht, erlebt, empfindet, denkt (ggf. auch, was sie denkt, das der andere tut, empfindet, denkt usw.).
Teilen Sie dann Ihre beiden Texte in Abschnitte auf und schneiden Sie sie ineinander zu einem Gesamttext.

5.5 Erzählen in sich verändernder Perspektive

Eine bestimmte Perspektive des Erzählens ergibt sich u.a. dadurch, welcher Standort gegenüber der erzählten Wirklichkeit bzw. welcher Blick auf sie beim Erzählen gewählt wird, filmtechnisch gesprochen, welche ‚Kameraeinstellung‘ des Erzählens benutzt wird:

- ob im großen Überblick über einen weiträumigen Ort und die sich dort vollziehenden Geschehnisse,
- ob in der Darstellung einer bestimmten Personengruppe und ihrer Handlungen,
- ob im Blick auf eine einzelne Person und ihr Handeln,
- ob in der Heraushebung einzelner Merkmale einer Person,
- ob von ‚Requisiten‘, mit denen die Person umgeht,

erzählt wird. Diese ‚Einstellungen‘ des Erzählens können in beliebiger Reihenfolge aufeinander folgen und dabei mehr oder weniger deutlich voneinander abgesetzt sein. Sie können aber auch in der Art eines Zooms (oder einer Kamerafahrt) kontinuierlich ineinander übergehen und bilden dann eine sich verändernde Perspektive des Erzählens. Zu den beiden Möglichkeiten je ein Text und eine Arbeitsanregung, zunächst aber eine Aufstellung der Kameraeinstellungen:

Kameraeinstellungen

Bei Film- und Fernsehaufnahmen kann man – etwas vereinfachend – folgende Kameraeinstellungen unterscheiden:
Weit: Übersicht über die Umwelt (Landschaft, Stadt usw.);
Total: Überblick über den Ort der Handlung mit den handelnden Personen;
Halbtotal: einzelne Personen in voller Größe;
Amerikanisch: eine Person bis unterhalb der Hüften (Westernhelden einschließlich ihrer Colts), erkennbar vor allem ihre Gestik;
Nah: eine Person etwa im Brustbild, beherrschend das Gesicht und seine Mimik; größere Gegenstände;
Detail: ein Körperteil einer Person (Auge, Mund, Hand usw.); Teile von Gegenständen (Türgriff, Telefonhörer, Autonummer usw.) oder Großaufnahme etwa kleiner Gegenstände (Schlüssel, Uhr, Schmuck usw.) oder kleinerer Tiere.

Franz Hohler, aus: Wo?[111]

a) Man sieht Baracken, davor parkierte Autos, einen Bagger mit kompliziert schwenkbarer Schaufel, eine Mischmaschine, überlebensgroß. Vor den Baracken wird die Straße umgeleitet, eine Wand von rotweißen Latten, darauf ein großer schwarzer Pfeil, der nach links gerichtet ist, alle Autos drehen also nach links ab. Die Baustelle besteht weiter aus Stahlgerüsten, sehr engmaschig, und aus Betonsäulen, die etliche Meter in die Höhe ragen, aber das, was sie stützen, ist noch nicht da. Dahinten, weit weg, erkennt man, durch die Perspektive auf gleiche Höhe wie die Betonsäule gebracht, einen mehrstöckigen Wohnblock mit blauen Balkonen und daneben ein etwa dreistöckiges Haus aus der Zeit, wo man Wohnen noch in Verbindung mit Ziegeldächern, Mansardenfenstern und dergleichen brachte.

b) Ich sehe eine Aufschrift, café oasis, und trete ein, ein enger, dunkler Schlauch, in dem nur ganz junge Leute sitzen. Ich lasse mich an einem runden Tisch nieder, frage, ob hier frei sei, und ein Mädchen sagt yeah. Ich bestelle einen Espresso und bezahle ihn gleich, das Mädchen hat zu lesen begonnen, daneben sitzt ein Paar, das sich unablässig in die Augen schaut. Eine laute Rockmusik geht los, einer, der das Mädchen kennt, setzt sich auch an den Tisch, da sagt das Mädchen, nicht zu ihm, sondern zu dem von dem Paar, embrasse-moi, beugt sich über den ganzen Tisch und küßt den Burschen, während sich dessen Freundin weit zurücklehnt.

Zwei Hereinkommende suchen einen Platz, ich stehe auf und überlasse ihnen meinen.

c) Etwa um fünf Uhr nachmittags sehe ich, daß in die offene Traubensaftflasche, die ich leer auf dem Tisch unserer Laube stehen gelassen habe, eine Wespe geraten ist. Sie läuft angestrengt auf dem Boden herum, fliegt von Zeit zu Zeit auf, aber nicht höher als bis zum oberen Rand der Etikette und stößt dort schwirrend gegen die Flaschenwand. Oben ist die Flasche offen. [–]
Ich beginne die Wespe zu beobachten.
Ich sehe, daß sie den Kopf putzt, mit den Vorderbeinen, wie man es auch von Fliegen kennt. Dazu macht sie ähnliche Bewegungen mit den Hinterbeinen.
Dann steht sie längere Zeit still und bewegt nur die Spitze ihres Hinterleibs leicht auf und ab, als ob sie atmen würde.
Nun bewegt sie ihre Fühler nach links und nach rechts, der Kopf folgt mit der Bewegung nach, dann der Körper, und jetzt läuft sie wieder.

Erzählen mit Kamerablick

Welche Kameraeinstellung würden Sie den drei Erzählausschnitten von Franz Hohler zuordnen?
Erzählen Sie selbst eine Geschichte, für die Sie sich eine bestimmte ‚Kameraeinstellung' auswählen.

Christoph Ransmayr, aus: Die letzte Welt[112]

Ein langsamer, schweifender Blick glitt tief ins Land hinein, strich über Pinienwälder hinweg, über dahinrollende, schwarze Hügel, die Dächer von Gehöften, dann über die langen Kämme einer Brandung, schwang sich den Sicheln der Strände nach und näherte sich im tiefen Schatten einer Allee, nun wieder gleitend, einem Palast, der wie ein erleuchtetes, festliches Schiff in der Nacht lag; Kuppeln, Arkaden, Freitreppen und hängende Gärten. Der Blick wurde sorgfältig und musterte gelassen die Pilaster und Gesimse einer Fassade, als plötzlich an seinem äußersten, undeutlichen Rand eine schmale Fensteröffnung erschien. Wie von einem jähen Sog erfaßt, flog der Blick auf dieses Fenster zu und kam in einem schwach erleuchteten Gelaß auf dem Antlitz eines jungen Mannes kurz zur Ruhe, auf einem Mund, und der Mund sagte: Ich gehe.

Der Erzähl-Zoom

Erzählen Sie eine Geschichte in der Weise, daß Sie allmählich entweder wie Ransmayr von einer ‚weiten' zu einer ‚Detaileinstellung' des Erzählens oder auch umgekehrt vom ‚Detail' zu einer ‚totalen' oder ‚weiten' Erzähleinstellung wechseln (‚zoomen').

Schwieriger wird das Erzählen in sich verändernder Perspektive, wenn es nicht (wie in den beiden vorangehenden Arbeitsaufgaben) hauptsächlich die Raumdarstellung, sondern überhaupt das **Handlungsgeschehen** betrifft. Hier liegt u.a. folgendes zugrunde: Der einzelne erfährt seine Welt nicht konstant als dieselbe, sondern nimmt sie wahr z.B. nach den Stimmungen, in denen oder nach den Absichten, Bedürfnissen und Interessen, mit denen er sie betrachtet. Und mit der **Veränderung** etwa seiner Stimmungen wechselt, verändert, verschiebt sich auch seine **Wahrnehmung** der Wirklichkeit: Jemand, der immer tiefer in eine Depression gerät, oder auch der, der sich in einer Zwangslage sieht, sie reflektiert und immer mehr ihre Ausweglosigkeit erkennt, nimmt seine Welt fortschreitend als immer enger, fremder, bedrohlicher, furchterregender wahr. Und so wie jeder Bewußtseinsstand, wie jede seelische Befindlichkeit – Angst, Fremdheit, Depression, Sehnsucht, Freude, Euphorie usw. – sich ständig verändert, so wechselt auch unablässig die Wahrnehmung von Wirklichkeit in ihnen, verändert sich, **gleitet** die **Perspektive,** unter der der einzelne Geschehen wahrnimmt. – Das ist besonders nachdrücklich bei Kafka, im „Prozeß", im „Schloß" und in vielen Erzählungen dargestellt; ein kleineres Beispiel:

Franz Kafka: Der Schlag ans Hoftor[113]

Es war im Sommer, ein heißer Tag. Ich kam auf dem Nachhauseweg mit meiner Schwester an einem Hoftor vorüber. Ich weiß nicht, schlug sie aus Mutwillen ans Tor oder aus Zerstreutheit oder drohte sie nur mit der Faust und schlug gar nicht. Hundert Schritte weiter an der nach links sich wendenden Landstraße begann das Dorf. Wir kannten es nicht, aber gleich nach dem ersten Haus kamen Leute hervor und winkten uns, freundschaftlich oder warnend, selbst erschrocken, gebückt vor Schrecken. Sie zeigten nach dem Hof, an dem wir vorübergekommen waren, und erinnerten uns an den Schlag ans Tor. Die Hofbesitzer werden uns verklagen, gleich werde die Untersuchung beginnen. Ich war sehr ruhig und beruhigte auch meine Schwester. Sie hatte den Schlag wahrscheinlich gar nicht getan, und hätte sie ihn getan, so wird deswegen nirgends auf der Welt ein Beweis geführt. Ich suchte das auch den Leuten um uns begreiflich zu machen, sie hörten mich an, enthielten sich aber eines Urteils. Später sagten sie, nicht nur meine Schwester, auch ich als Bruder werde angeklagt werden. Ich nickte lächelnd. Alle blickten wir zum Hofe zurück, wie man eine ferne Rauchwolke beobachtet und auf die Flamme wartet. Und wirklich, bald sahen wir Reiter ins weit offene Hoftor einreiten. Staub erhob sich, verhüllte alles, nur die Spitzen der hohen Lanzen blinkten. Und kaum war die Truppe im Hof verschwunden, schien sie gleich die Pferde gewendet zu haben und war auf dem Wege zu uns. Ich drängte meine Schwester fort, ich werde alles allein ins Reine bringen. Sie weigerte sich, mich allein zu lassen. Ich sagte, sie solle sich aber wenigstens umkleiden, um in einem besseren Kleid vor die Herren zu treten. Endlich folgte sie und machte sich auf den langen Weg nach Hause. Schon waren die Reiter bei uns, noch von den Pferden herab fragten sie nach meiner Schwester. Sie ist augenblicklich nicht hier, wurde ängstlich geantwortet, werde aber später kommen. Die Antwort wurde fast gleichgültig aufgenommen; wichtig schien vor allem, daß sie mich gefunden hatten. Es waren hauptsächlich zwei Herren, der Richter, ein junger, lebhafter Mann, und sein stiller Gehilfe, der Aßmann genannt wurde. Ich wurde aufgefordert in die Bauernstube einzutreten. Langsam, den Kopf wiegend, an den Hosenträgern rückend, setzte ich mich unter den scharfen Blicken der Herren in Gang. Noch glaubte ich fast, ein Wort werde genügen, um mich, den Städter, sogar noch unter Ehren, aus diesem Bauernvolk zu befreien. Aber als ich die Schwelle der Stube überschritten hatte, sagte der Richter, der vorgesprungen war und mich schon erwartete: „Dieser Mann tut mir leid.“ Es war aber über allem Zweifel, daß er damit nicht meinen gegenwärtigen Zustand meinte, sondern das, was mit mir geschehen würde. Die Stube sah einer Gefängniszelle ähnlicher als einer Bauernstube. Große Steinfliesen, dunkel, ganz kahle Wand, irgendwo eingemauert ein eiserner Ring, in der Mitte etwas, das halb Pritsche, halb Operationstisch war. Könnte ich noch andere Luft schmecken als die des Gefängnisses? Das ist die große Frage oder vielmehr, sie wäre es, wenn ich noch Aussicht auf Entlassung hätte.

Wirklichkeit verschiebt sich ...

Erzählen Sie ein – wirkliches oder erfundenes – Geschehen, bei dem das, was Sie erlebten, sich an einem entscheidenden Punkt oder aber auch allmählich veränderte und verschob, etwa – plötzlich oder allmählich – erträglicher, freundlicher oder fremder, bedrohlicher wurde.

6 Erzählen in modernen Redeformen

Alltagssprache wie alltägliches Erzählen weisen ein Merkmal auf, das Bachtin so beschreibt:[114]

> Die Wiedergabe und Erörterung fremder Reden, des fremden Wortes, ist eines der am weitesten verbreiteten und wesentlichsten Themen menschlicher Rede. [–]
> Auf Schritt und Tritt ist im Alltag von jemandem, der spricht und seinem Wort die Rede. Man kann geradezu sagen: im Alltag wird am meisten über das gesprochen, was andere sagen, – man übermittelt, erinnert, erwägt, erörtert fremde Wörter, Meinungen, Behauptungen, Informationen, entrüstet sich über sie, erklärt sich mit ihnen einverstanden, bestreitet sie, beruft sich auf sie usw. [–]
> [... Es gilt,] daß von allen im Alltag geäußerten Wörtern nicht weniger als die Hälfte fremde Wörter sind.

Ähnlich bedeutsam sind die „fremden Wörter“ für das **literarische Erzählen,** sind die vom Erzähler (oder in der **Erzählerrede**) wiedergegebenen Äußerungen einer Figur bzw. die Dialoge von Figuren, die **Figurenrede.** Dabei wechselt der Anteil der Figurenrede und vor allem des Dialogs im Erzählen stark. Er ist heute, und nicht nur bei den auf Unterhaltung gezielten Erzähltexten, manchmal recht groß. Doch haben schon Romane des 18. Jahrhunderts, und das ganz im Sinne damaliger Erzähltheoretiker, große Dialoganteile und sind manchmal mehr oder weniger reine Dialogromane.[115] Beginnen wir mit einem literarischen Text:

Franz Kafka[116]

Eine Katze hatte eine Maus gefangen. „Was wirst du nun machen?“ fragte die Maus, „du hast schreckliche Augen.“ „Ach“, sagte die Katze, „solche Augen habe ich immer. Du wirst dich daran gewöhnen.“ „Ich werde lieber weggehn“, sagte die Maus, „meine Kinder warten auf mich.“ „Deine Kinder warten?“ sagte die Katze, „dann geh nur so schnell als möglich. Ich wollte dich nur etwas fragen.“ „Dann frage, bitte, es ist wirklich schon sehr spät.“

Ein der äußeren Form nach recht unauffälliger Text, und das vor allem deshalb, weil nur die Formen der Rede vorkommen, die üblicherweise beim Erzählen verwendet werden: Die **Erzählerrede,** die den Vorgang als etwas Geschehenes erzählt („Eine Katze hatte eine Maus gefangen.“ – „fragte die

Maus" – „sagte die Katze" usw.), und die vom Erzähler wiedergegebenen ‚direkten Reden' der Erzählfiguren, die **Figurenreden,** hier der Dialog zwischen Maus und Katze, die den größten Teil des Erzählfragments ausmachen. Wir befassen uns zunächst genauer mit dem Dialog:

6.1 Erzählen in modernen Dialogformen

Der Dialog gibt die Rede der Erzählfiguren unmittelbar wieder. Wie beim Drama erlebt der Leser das Gespräch direkt mit. Solche Dialogteile **wirken** direkter, lebendiger, auch irgendwie realistischer als Erzählteile. Daß sie aber deshalb ‚realistisch' **sind,** also die Wirklichkeit eines Gesprächs getreu abbilden, ist eine Täuschung. In einem **Gespräch** geschieht weit mehr als ein Wechsel von ‚direkten Reden': Wer redet, hat überlegt und überlegt weiter, während er spricht, was und wie er es sagen soll; er nimmt auf, wie der andere auf das reagiert, was er sagt, und berücksichtigt es. Wer zuhört, nimmt auf, was der Sprechende sagt, empfindet und denkt dabei aber auch, überlegt etwa, was der Sprechende eigentlich meint und beabsichtigt, und denkt, was er selbst darauf gern erwidern möchte (er sagt dann vielleicht aber etwas ganz anderes); er nimmt den Sprechenden, sein Äußeres, seine Gestik und Mimik wahr und reagiert darauf, er nimmt auch Vorgänge in seiner Umgebung wahr: Ein Gespräch ist mit der Wiedergabe dessen, was gesprochen wird, nur unvollständig wiedergegeben. Und Erzählfiguren, die sich in solchem Dialog darstellen und begegnen, sind stark reduzierte Kunstfiguren.

Die Verkürzung eines Dialogs ist dann vor allem offenkundig, wenn ein Gesprächspartner kaum etwas sagt oder zeitweilig, wenn nicht überhaupt schweigt. Dann liegt es auch besonders nahe, – ausdrücklich oder unausdrücklich – hinzuzufügen, was der meist oder überhaupt schweigende Gesprächspartner denn nun denkt, während der andere spricht:

Kurt Tucholsky: Konversation[117]

Magda spricht, Arthurchen hört zu

Magda (presto):
„Gott, Sie verstehen doch was vom Theater – endlich mal einer, der was vom Theater versteht. Ich werde Ihnen das also ganz genau erzählen. Die Leute hatten zunächst die Straub engagiert, die sollte den Dragonerrittmeister spielen. Ich die Lena. Ich

Arthurchen (denkt):
Das kann man wohl sagen, daß ich was vom Theater verstehe – das hat sie ganz hübsch gesagt. Natürlich versteh ich was vom Theater. Nu leg mal los. Sie ist ja doch pikant, sie hat was. Nette Beine. Ob sie einen Büstenhalter trägt? Nein, sie trägt wohl

habe gesagt, neben einer Hosenrolle komme ich nicht raus. Ich komme doch nicht neben einer Hosenrolle raus – ! Mit mir kann man das nicht machen. Wenn ich mir mal was in den Kopf gesetzt habe, alle meine Freunde sagen, ich bin so eigensinnig, und das ist auch wahr. So bin ich eben. Nicht wahr, Sie finden das auch – ? Nicht wahr? Ja. Und da habe ich dem Direktor gesagt, ich sage, wenn ich die Lena nicht spielen darf, dann schmeiß ich ihm seinen Kram vor die Füße. Papa sagt auch... Finden Sie richtig, nicht wahr – ? Ja. Da hat der Direktor natürlich nachgegeben, soo klein war er. Ich hab in diesen Sachen so was Kindliches. Ich bin überhaupt ein großes Kind. Finden Sie nicht auch – ? Nicht wahr? Ja. Kennen Sie Gerda, die blonde Gerda? Die, die'n Verhältnis mit der Frau Petschaft hat – na ja, sie hat auch'n Freund, aber bloß so nebenbei. Der Freund weiß das, natürlich. Die Gerda ist völlig talentlos. Und frech ist die Person – ! Das Gretchen will sie spielen. Was sagten Sie – ? Nein. Ja. Ich meine: die Frau darf das einfach nicht spielen. Geht auch gar nicht, weil die neue Kombination Fischer-Hirsch dagegen ist. Und wenn die Kombination nicht dagegen wäre – Himmel, es ist sechs Uhr! Nein, wie man sich mit Ihnen verplaudert! Sie reden so nett und anregend ... Grüß Gott, Doktorchen. Seins nicht bös – aber ich muß fort. Auf baldiges –"

Fältchen um die Augen. Sie sollte sich übrigens die Wimpern nicht färben, das steht ihr gar nicht. Aber eine nette Person. Eigentlich ... Wer hat die eigentlich – ? Na ja, Franz – aber das füllt sie doch nicht aus! Dabei spricht sie immer von Papa und Mama, wie macht sie das mit dem Ausgehn? Lebt sie zu Hause? Wenn sie auch zu Hause lebt, das kann man arrangieren ... Was hab ich denn heute für einen Schlips um? Sie guckt mir immer so nach dem Hals ... Nett. Sie kann doch sehr lustig sein. Es kann doch sehr lustig werden. „Ja, das finde ich auch. Gewiß, gnädiges Frollein." Reizende Person. Wie spät mag das sein? Sie erzählt ja 'n bißchen viel. Aber jetzt kann ich nicht nach der Uhr sehn. Verdammt, die Uhr im Salon kann man von hier aus auch nicht sehn. Was ist das fürn Parfum, das sie hat? Was ich gesagt habe? Ich hab doch gar nichts gesagt. Mein Gott, spricht die Frau! Mein Gott – aber man müßte sehen, zu irgendeinem Schluß zu kommen, so oder so ... Sechs? Schockschwerenot, Hilde wartet nie so lange. Und nachher ist die Wohnung zu. Na, dann diese hier. Bin ich heute abend frei? Ja. Sind Sie vielleicht heute abend ... „Auf Wiedersehn!" Wupp. Jetzt ist sie weg.

Sie spricht, er denkt (Partnerarbeit)

Teilen Sie in Partnerarbeit den vorstehenden Text in je etwa 8-10 Abschnitte auf und lesen Sie ihn dann im Wechsel mit verteilten Rollen.

Die für die dialogische Darstellung dieses Textes erforderliche Sequentierung (die Festlegung von ‚Schnitten') ist nicht ganz einfach. Dafür wird aber mit dieser Aufgabe die zu erarbeitende Dialogtechnik gut erfaßt. – Wenn Sie in einer Gruppe schreiben, können Sie auch so verfahren, daß Sie zuerst den Tucholsky-Text im Sinne der Arbeitsanregung bearbeiten und mit verteilten Rollen lesen, dann den Kafka-Text (mit dem später noch gearbeitet wird) lesen und zunächst nur einfach überlegen, in welcher Weise sich der Dialog bei Tucholsky von dem konventionellen Dialoggebrauch bei Kafka unterscheidet. Eine etwas andere Form des Dialogs mit einem schweigenden Gesprächspartner liegt in dem folgendem Text vor:

Gert Loschütz; Hör mal, Klaus![118]

[Klaus ist Fotograf in einer Großstadt und soll eine Reportage über eine Kleinstadt machen. Er fährt in seine Heimatstadt, weil er da bei seinen Eltern wohnen kann. Der Text ist so aufgebaut, daß Monologe von Klaus und Gespräche seiner Eltern mit ihm, bei denen er schweigt, unregelmäßig wechseln:]

Klaus. Daß keine Gespräche möglich sind, schlaucht mich. Ich kann nix erzählen, weil ich ständig das Gefühl hab, daß in dem Augenblick, in dem ich den Mund aufmache, um über mich, meinen Beruf, die Art, wie ich lebe, über meine Freundin, ihren Sohn, unsere Vorstellung von Zukunft, unsere Wünsche und Ängste zu erzählen, bei ihnen eine Klappe fällt. Ich bin furchtbar nervös.

Hella. Manchmal werd ich den Gedanken nicht los, daß der Klaus uns für minderwertig hält.
Mattke. Was redst du da?
Hella. Weil wir einen anderen Geschmack haben als er.
Mattke. Wir sind halt mehr für altdeutsch. Wir reden ihm ja bei seinem Zeug auch nicht rein.
Hella. Hast du mal gesehn, wie er sich unsere Bilder angekuckt hat?
Mattke. Er hält sich ja für einen Fotografen. Er meint, da müßt er auch was von Kunst verstehen. Aber so, wie er fotografiert, hält er den Menschen für ein Schwein. So was häng ich mir nicht auf. Ich könnt ja keinen in mein Haus lassen.
Hella. Das hab ich vorhin auch gesagt. Aber da hat er bloß gelacht.
Mattke. Er lacht schon wieder.
Hella. Du bist doch sein Vater. Kannst du ihm nicht sagen, er soll aufhören zu lachen?

Mattke. Meinst du, das kümmert den, was ich sag?

Hella. Ich mein, wenn ihm seine Fotografiererei was einbringen würde, wollt ich ja nix sagen. Aber so find ich sein Lachen direkt unverschämt. Weißt du, was er gemacht hat?

Mattke. Nein.

Hella. Er hat auf dem Klo ein Bild abgehängt und auf den Kosmetikschrank oben draufgelegt.

Mattke. Welches?

Hella. Na, das mit dem Spruch.

Mattke. Spruch?

Hella. „Wenn's Ärschel brummt, ist's Herzel gesund."

Mattke. Und?

Hella. Ich hab's wieder aufgehängt. Ich find, das geht zu weit.

Mattke. Dafür haben wir das Geld nicht hingeblättert, daß er herkommt und das Bild auf den Kosmetikschrank legt.

Hella. Eben.

Mattke. Ich möcht mal wissen, was das gäb, wenn ich in *seine* Wohnung ging und Bilder abhängen würde. Da würde er sich schön bedanken. Das hieß doch bei ihm gleich Zensur.

Hella. Als wenn's so was bei uns gäb.

Mattke. Dabei wär's nicht schlecht, wenn manche Dinge nicht an die Öffentlichkeit kämen. Die Menschen sind einfach nicht reif dafür. Oder wie siehst du das, Klaus?

Hella. Der gibt keinen Ton von sich. Er geht einfach über uns weg, wie wenn wir Dreck wären.

Eine einfache mündliche Vorübung zu den folgenden Arbeitsanregungen wäre, daß Sie in einer Gruppe diesen Text mit verteilten Rollen lesen, jemand die Rolle des schweigenden Klaus übernimmt und an ihm passend erscheinenden Stellen ‚Schnitte' macht und das von Klaus Gedachte spricht. – Nun eine Arbeitsanregung zum eigenen Schreiben in der Dialogform mit einem schweigenden Gesprächspartner in der Art von Tucholsky und Loschütz:

Der eine spricht, der andere schweigt und denkt sich was (Partnerarbeit)

Schreiben Sie einen Text, in dem jemand einem anderen die Meinung sagt: der Vater seiner Tochter/seinem Sohn, die Mutter ihrem Sohn/ihrer Tochter und umgekehrt, der Lehrer einem Schüler/einer Schülerin, Sie Ihrem Freund/Mann oder Ihrer Freundin/Frau, einem Politiker, einem wildfremden Menschen auf der Straße, der Vorgesetzte dem Unter-

gebenen, der Polizist dem Verkehrsteilnehmer usw.
Wenn Sie Ihren Text geschrieben haben, tauschen Sie ihn mit Ihrem Nebenmann/Ihrer Nebenfrau aus oder verlosen ihn mit allen anderen Texten der Gruppe.
Schreiben Sie nun zu dem Text, den Sie erhalten haben,

a) in der Art des Tucholsky-Textes in einer zweiten Spalte das von dem Angesprochenen Gedachte;
b) oder arbeiten Sie nach dem – etwas veränderten – Modell des Loschütz-Textes und schreiben Sie einen Dialog zwischen dem, der seine Meinung sagt, und dem, der damit angesprochen ist, und schieben Sie an bestimmten Stellen dazwischen die Gedanken eines beteiligten oder unbeteiligten, aber schweigenden Dritten.

Lesen Sie dann zusammen mit dem Verfasser des Textes, den Sie erhalten haben, den Gesamttext vor.

Eine komplexere, aber auch schwierigere Form des Dialogs zwischen einem sprechenden und einem schweigenden Gesprächspartner entsteht dann, wenn der Schweigende in seiner Einstellung zu dem, was er hört, **gespalten** ist und mit mehreren Stimmen, die auch aufeinander reagieren und miteinander sprechen können, also sozusagen als **mehrere Personen** auf den Redenden reagiert: In Karin Boyes Roman „Krisis" (1934) wird die Krise im Leben einer jungen Frau beschrieben, die sich aus der entsagungs- und leidensbereiten religiösen Haltung des Christentums löst und zu einer ihr individuelles Eigenrecht vertretenden Einstellung zu kommen sucht. In der folgenden Stelle hört sie, Malin Forst, die ein Lehrerseminar besucht, der Ansprache ihrer Seminardirektorin zu:

Karin Boye, aus: Krisis[119]

… **kaum drei Jahre nach dem blutigen Weltkrieg begeben wir uns zur Ruh und sind soweit, zu vergessen** …
Malin 2. Ja, vergessen, laß uns vergessen! Was leben will, muß vergessen. Gib uns liebliche Idylle, gib uns Trost und Ruhe! Laß uns vergessen dürfen, laß uns lieber an das Leben als an den Tod denken.
Malin 1. Weil du selbstsüchtig bist.
Malin 2. Gerne! Gerne! Warum sollte ich nicht selbstsüchtig sein? Irgendein vernünftiger Grund? Vielleicht nur der, daß „selbstsüchtig" ein häßliches Wort ist?
… **während große Teile der Welt noch unter fürchterlichen Leiden niedersinken** …

Malin 2. Das wissen wir, das konstatieren wir: zweimal zwei ist vier. Und dann: kann ich irgendwie helfen? Nein. Dann komm, wir gehen und trinken derweil Kaffee.
Malin 1. Sich freuen, da die Geschwister leiden …
Malin 2. Mithelfen, daß man selbst untergeht, meinst du? […]
… **aber wenn wir verschont wurden, so nicht deshalb, um uns feige aus der Verantwortung zu ziehen, sondern, um unseren Teil auch zu tragen** …
Malin 2. Das erkenne ich wieder. „Leiden!" sagt ihr. […]
Malin 1. Und doch muß man nicht Christ sein, um zu erkennen, daß sie recht hat. Man muß nur ganz einfach Mensch sein. Wir können und wir dürfen uns unseres Verantwortungsgefühls, unserer Solidarität mit denen, die es schwer haben, nicht entledigen. Wir dürfen nicht am Rande des Brunnens der Qualen tanzen. […]
Malin 2. Wenn ich kämpfe, will ich kämpfen, um zu siegen, nicht um zu fallen. […] Fragt nach unserem Anteil an der Gesundheit, an der Freude, am Sieg! Das war unser Ruhm und unsere Gabe, die weiterwirken.

Dazu nun eine Arbeitsanregung, die alternativ zu der vorhergehenden bearbeitet werden kann:

Der eine spricht, der andere schweigt und denkt sich – mehrstimmig – was (Partnerarbeit)

Schreiben Sie eine Ansprache, eine (politische) Rede, ein Plädoyer, eine Predigt, eine Anklage, Beschuldigung oder Beschimpfung, die Darlegung eines Verkäufers/einer Verkäuferin, die Rechtfertigung eines Verkehrssünders, eines Einbrechers, Bankräubers usw.
Wenn Sie Ihren Text geschrieben haben, tauschen Sie ihn mit Ihrem Nebenmann/Ihrer Nebenfrau aus oder verlosen ihn mit den anderen Texten der Gruppe.
Machen Sie nun bei dem Text, den Sie erhalten haben, an passenden Stellen ‚Schnitte' und fügen Sie da das ein, was der schweigende Gesprächspartner mit zwei (oder gar drei) Stimmen zu dem denkt, was der Sprechende sagt.
Lesen Sie dann zusammen mit dem Verfasser des Textes, den Sie erhalten haben, den Gesamttext vor.

Doch gibt es noch andere Formen als diese, durch die ein **Dialog erweitert** werden kann:

Gabriele Wohmann, aus: Der Antrag[120]

Er redet:	– Alles in allem steht es so, daß ich allmählich an eine gewisse Veränderung meiner Lebensumstände denken könnte,
Erzählerrede:	sagte er behutsam, selbstgefällig.
Sie redet:	– Sie sind Säufer?
Erzählerrede:	Seine verständnislose Abwehr drang an ihr Ohr.
Er redet:	– Sie wissen doch, was ich meine, liebes Fräulein Mack. Ich denke an etwas ganz Bestimmtes. […] Ich denke an eine grundlegende Umstellung. Natürlich bin ich gehalten, schon wegen der staatlichen Anerkennung, auch in diesem Fall auf das Solide zu sehen …
Sie denkt:	Immer noch kein Punkt.
Sie beobachtet:	Der Mann am Wasser zog sein kreischendes Mädchen hinter sich her in die Wellen, beklatschte lustig das buntgemusterte Hinterteil, tauchte das Mädchen ins Wasser und ließ nicht ab, es zu umarmen, lächelnd kühles Salz von den warmen Lippen zu küssen.
Sie denkt, was der Mann denkt:	Kleine Zauberin paß auf, ich werd dich noch mal heiraten. […]
Sie redet:	– So?
Erzählerrede:	sagte sie beklommen.
Sie denkt:	Solide, solide, er ist gehalten, will mich halten. Nein. Nein.
Er redet:	– Eine Frau könnte mit mir sorglos leben, gesichert.
Erzählerrede:	Der Kugelschreiber notierte imaginäre Zahlen in die leise flimmernde Luft.
Sie denkt, was er denkt:	400 für den Haushalt, 50 Taschengeld, wenn sie zäh ist, geh ich auf 70 bis 75: so denkt er jetzt.

Sie denkt:	Ohne Sorgen, ohne Freuden. Ehen ohne Liebe sollen am haltbarsten sein. Vernunft kittet den Bund der Vernünftigen.
Sie beobachtet:	Sein spitzzulaufender Zeigefinger.
Sie redet:	– Das ist schön,
Erzählerrede:	sagte sie steif. […]
Sie denkt, was sie reden könnte:	Tut mir unendlich leid, bedaure sehr, aufrichtig, nein wirklich, Sie müssen mir glauben: ein anderer.
Sie denkt:	Träger, weich-weißer Othello mordet mit dem schweißklebrigen Kugelschreiber, bohrt eine imposante Zahl in den begehrten Busen. Tüchtiges Fräulein Mack, gute Lehrerin und trotzdem repräsentativ, genau das Richtige.
Sie denkt, was sie reden könnte:	Nein wirklich, tut mir von Herzen leid. Gute Freunde bleiben.

Fortsetzung und Schluß dieser Erzählung nun als Arbeitsanregung:

Einen vollständigeren Dialog erkennen

Setzen Sie nach dem zuvor gegebenen Muster die jeweiligen Gesprächsvorgänge ein:

. . . . :	– Sie müssen verzeihen, wenn ich ein wenig unbeholfen bin bei derartigen Erklärungen. Aber ich könnte mir denken, daß eine Frau, eine vernünftige Frau, mehr Wert auf Geradlinigkeit und Rechtschaffenheit legt als auf Verführungskünste.
. . . . :	Der Mann und das Mädchen legten sich platt in den Sand, er halb über sie, sein Kopf auf ihren Kopf, ernst war er, streng sein Mund, heftig; sie gluckste leise lockendes Lachen in kurzen Stößen aus dem Zwerchfell.
. . . . :	Alter Casanova, du! Hasts doch gern, was? Ja ja ja, ich glaub, ich habs gern. […]
. . . . :	– Auch das könnte meine Frau haben, mehrwöchige Ferien jedes Jahr am Meer, wenn sie das wünscht, oder in den Bergen, die mir persönlich mehr liegen.
. . . . :	– Ein schönes Leben,

. . . . : sagte sie.

. . . . : Tut mir leid, wirklich, ganz von Herzen. Ja, ja, ein anderer. Sie kennen ihn nicht, ich auch nicht, einer, auf den ich warte. Nein, bestimmt, es geht nicht.

. . . . : – Sie wissen, warum ich Ihnen das alles erzähle. [...]

. . . . : Viele solcher Sommer. Schwitzen uns sorglos besorgt durch die Urlaubstage.

. . . . : Nein, nein, ich bedaure, es ist unmöglich.

. . . . : Seine warme feuchte Hand legte sich auf ihre, spitzzulaufende Finger mit achtsam gefeilten, zu langen Nägeln umschlossen ihre ängstliche, abweisende Faust.

. . . . : – Wollen Sie meine Frau werden? [...]

. . . . : Fern am Strand zwei bunte Punkte, ein Mann ein Mädchen, fast nicht zwei Personen.

. . . . : – Ja,

. . . . : sagte sie und senkte den kühlen Alpakalöffel ins Eis.[121]

Nun zwei Arbeitsanregungen, in denen diese weiteren Dialogmöglichkeiten erkundet und erprobt werden können. Zunächst: Das zu Beginn diese Kapitels angeführte Erzählfragment Kafkas ist ganz in Außensicht erzählt. Man erfährt nur, was Maus und Katze sagen, aber nicht, was sie fühlen, denken, beabsichtigen. Und es ist nicht absehbar, worauf die Geschichte hinauslaufen soll:

Der erweiterte Dialog I: Kafka – erweitert und zuendegeführt

Erweitern Sie den Text um das, was Maus und Katze (gegebenenfalls auch nur eine von ihnen) bei ihrem Dialog fühlen, denken – auch über das denken, was die andere vermutlich denkt – , beabsichtigen, wahrnehmen usw., und führen Sie den Text entsprechend zu Ende.

Der erweiterte Dialog II:
„Da hatte ich mal ein Gespräch mit ...“ (Gruppenarbeit)

Erzählen Sie ein – wirkliches oder vorgestelltes – Gespräch, das Sie hatten:

1. mit einem notorischen Schwätzer, Langweiler, Angeber, Aufschneider usw., jedenfalls mit jemandem, der Sie gewaltig nervte,
2. mit jemandem, der Sie unbedingt zu etwas überreden, von etwas überzeugen, zu etwas bekehren wollte,

3. mit jemandem, der Sie über etwas ausfragen wollte, über das Sie ihm aber auf keinen Fall etwas sagen wollten,
4. mit jemandem, den Sie nicht so übermäßig mögen und der Ihnen ganz unverhofft einen Freundschafts-/Liebesantrag machte,
5. mit jemandem, den Sie sehr mögen und dem Sie gern etwas ganz Liebes gesagt hätten, sich aber nicht getraut haben,
6. mit jemandem, der Ihnen vorgesetzt/übergeordnet ist oder von dem Sie irgendwie abhängig sind und der Sie reichlich weise zu belehren suchte, in unverschämter Art zur Rede stellte oder fertig machen wollte.

Wenn Sie in einer Gruppe schreiben, sollten Sie das Gespräch, das Sie schreiben, auswürfeln oder bei einer kleineren Gruppe auch aus vorbereiteten Kärtchen erlosen (wer mit seiner ersten Wahl nicht zufrieden ist, kann ein zweites Mal würfeln oder losen). Erzählen Sie in der Weise – Sie können in der Ich-, aber auch in der Er/Sie-Form schreiben – , daß Sie neben dem Dialog z.B. auch schildern,

- was Sie gedacht und gefühlt haben,
- was Sie gedacht haben, das der Gesprächspartner denkt,
- was Sie gedacht haben, das Sie hätten sagen können (aber nicht gesagt haben),
- was Sie an dem Gesprächspartner und seinem Äußeren, was Sie in bezug auf seine Mimik und Gestik beobachtet und wahrgenommen haben,
- was Sie während des Gesprächs in der Umwelt an Vorgängen (die vielleicht für Sie irgendeine Beziehung zu dem Inhalt des Gesprächs hatten) beobachtet und wahrgenommen haben.

Den entgegengesetzten Weg zu einer Erweiterung des Dialogs um sonst noch gegebene Momente einer Gesprächssituation geht eine andere Dialogpraxis im neueren Erzählen: Den **Dialog** zu **kürzen** um entbehrliche oder vom Leser leicht ergänzbare Teile, ihn beispielsweise auf einen Dialogteil zu verknappen, aus dem der Teil des anderen Dialogpartners erschlossen werden kann. Durch solche durchgängige Einrichtungen **dialogischer Leerstellen** wird es für den **Leser** nötig, aber eben auch möglich, Vorgänge des Dialoggeschehens in der eigenen Phantasie vorzustellen und so intensiv zu vollziehen. Für einen solchen „versteckten Dialog", wie Bachtin ihn nennt,[122] zwei Textbeispiele (ein weiteres Beispiel wäre von Marie Luise Kaschnitz "Ein ruhiges Haus"[123]):

Kurt Tucholsky: Lottchen beichtet 1 Geliebten[124]

„Es ist ein fremder Hauch auf mir? Was soll das heißen – es ist ein fremder Hauch auf mir? Auf mir ist kein fremder Hauch. Gib mal 'n Kuß auf Lottchen. In den ganzen vier Wochen, wo du in der Schweiz gewesen bist, hat mir keiner einen Kuß gegeben. Hier war nichts. Nein – hier war wirklich nichts! Was hast du gleich gemerkt? Du hast gar nichts gleich gemerkt … ach, Daddy! Ich bin dir so treu wie du mir. Nein, das heißt … also ich bin dir wirklich treu! Du verliebst dich ja schon in jeden Refrain, wenn ein Frauenname drin vorkommt … ich bin dir treu … Gott sei Dank! Hier war nichts.

… Nur ein paarmal im Theater. Nein, billige Plätze – na, das eine Mal in der Loge … Woher weißt du denn das? Was? Wie? Wer hat dir das erzählt? Na ja, das waren Plätze … durch Beziehungen … Natürlich war ich da mit einem Mann. Na, soll ich vielleicht mit einer Krankenschwester ins Theater … lieber Daddy, das war ganz harmlos, vollkommen harmlos, mach doch hier nicht in Kamorra oder Mafia oder was sie da in Korsika machen. In Sizilien – meinetwegen, in Sizilien! Jedenfalls war das harmlos. Was haben sie dir denn erzählt? Was? Hier war nichts.

Das war … das ist … du kennst den Mann nicht. Na, das werd ich doch nicht machen – wenn ich schon mit einem andern Mann ins Theater gehe, dann geh ich doch nicht mit einem Mann, den du kennst. […] Man hats wirklich nicht leicht! Also du kennst den Mann nicht! Du kennst ihn nicht. Ja – er kennt dich. Na, sei doch froh, daß dich so viele Leute kennen – biste doch berühmt. Das war jedenfalls ganz harmlos. Total. Nachher waren wir noch essen. Aber sonst war nichts. Nichts. Nichts war. Der Mann … der Mann ist eben – ich hab ihn auch im Auto mitgenommen, weil er so nett neben einem im Auto sitzt, eine glänzende Begleitdogge – so, hat das die Reventlow auch gesagt? Na, ich nenne das auch so. Aber **nur** als Begleitdogge. Der Mann sah glänzend aus. Doch, das ist wahr. Einen wunderbaren Mund, so einen harten Mund – gib mal 'n Kuß auf Lottchen, er war dumm. Es war nichts. Direkt dumm war er eigentlich nicht. Das ist ja … ich habe mich gar nicht in ihn verliebt; du weißt ganz genau, daß ich mich bloß verliebe, wenn du dabei bist – damit du auch eine Freude hast! Ein netter Mann … aber ich will ja die Kerls gar nicht mehr. Ich nicht. Ich will das überhaupt alles nicht mehr. Daddy, so nett hat er ja gar nicht ausgesehn. Außerdem küßte er gut. Na so – es war jedenfalls weiter nichts. Sag mal, was glaubst du eigentlich von mir? Glaubst du vielleicht von

mir, was ich von dir glaube? Du – das verbitt ich mir! Ich bin treu. Daddy, der Mann … das war doch nur so eine Art Laune. Na ja, erst läßt du einen hier allein, und dann schreibst du nicht richtig, und telephoniert hast du auch bloß einmal – und wenn eine Frau allein ist, dann ist sie viel alleiner als ihr Männer. Ich brauche gewiß keinen Mann … ich nicht. Den hab ich auch nicht gebraucht; das soll er sich bloß nicht einbilden! […]
Nach dem Theater. Dann noch zwei Wochen lang. Nein. Ja. Nur Rosen und zweimal Konfekt und den kleinen Löwen aus Speckstein. Nein. Ich ihm meinen Hausschlüssel? Bist wohl …! Ich hab ihm meinen Hausschlüssel doch nicht gegeben! Ich werde doch einem fremden Manne meinen Hausschlüssel nicht geben …! Da bring ich ihn lieber runter, Daddy. […]

Josianne Maas: „Konsequenz“[125]

Wie bitte, ob ich was bin? Gegen die Rassentrennung?
Natürlich bin ich gegen die Rassentrennung. Was können denn diese armen Menschen dafür, daß sie eine andere Hautfarbe haben? Es muß endlich mal Schluß gemacht werden mit der Diskriminierung!
Aber selbstverständlich bekommen Sie meine Unterschrift. Man muß doch schließlich beweisen, daß man tolerant ist. Also ich habe gar nichts gegen die Neger. Vor Gott sind alle Menschen gleich.
Rassenkrawalle in Chikago? Also wissen Sie, ich verstehe ja die Amerikaner nicht. Haben doch eine Demokratie. Sollen den Negern doch endlich die Gleichberechtigung geben. Sind ja schließlich auch Menschen.
Wenn einer zu mir an die Tür kommt? Na, hören Sie mal! Man hat doch ein Herz für diese armen Teufel. Erst gestern war noch einer hier. Ein ganz Schwarzer, sage ich Ihnen. Sowas von schwarz! Zuerst habe ich mich ja ein bißchen erschrocken, als ich die Tür aufmachte und er plötzlich vor mir stand. Aber er war sehr nett. Wollte Zeitungen verkaufen. Eigentlich kaufe ich ja grundsätzlich nicht an der Tür. Aber in diesem Fall … Da macht man natürlich eine Ausnahme. Er sollte ja auch nicht denken …
Sicher, ich habe ihm die Hand gegeben. Na ja, ein etwas komisches Gefühl war das ja. Ich habe mir auch gleich hinterher die Hände gewasch…
Aber das tut man ja sonst auch.
Wie bitte?

Ob ich etwas dagegen hätte, wenn meine Tochter ... mit einem Neger? Sie, werden Sie nicht unverschämt. Meine Tochter ist ein anständiges Mädchen. Die tut sowas nicht!

Ein einseitiger Dialog

a) Erzählen Sie in der Art von Tucholsky oder J. Maas ein Gespräch, dessen Inhalt dadurch intensiver aufgenommen werden soll, daß Antworten, Fragen, Reaktionen eines Gesprächspartners ausgespart sind und vom Leser vorgestellt und ergänzt werden müssen.

b) Oder erzählen Sie ein Gespräch mit jemandem, der nicht sprechen kann und auf dessen vorgestellte Antworten, Fragen, Reaktionen usw. Sie in Ihrem Sprechen eingehen bzw. Ihre Erzählfigur in ihrem Sprechen eingeht: mit einem Baby, einem Behinderten, einem Schlafenden, einem Verstorbenen/Toten, einem Tier (Ihrem Hund, Vogel, Ihrer Katze usw.), einem Gegenstand (Ihrem Auto, Klavier, PC usw.)

c) Erzählen Sie in entsprechender Weise ein Gespräch mit jemandem, der nicht sprechen will: weil er mundfaul oder müde ist, weil Sie oder Ihre Erzählfigur gerade einen Streit mit ihm hatten, weil ihm der Gegenstand des Gesprächs unangenehm oder peinlich ist usw.

Man kann den **Gesprächspartner** auch noch mehr zurücktreten lassen, so daß er hauptsächlich **Anredeobjekt** und kaum noch Redepartner bzw. vorgestellter Redepartner ist. Die Rede wird dann praktisch ein an jemanden (oder etwas) gerichteter Monolog in der Du- oder Sie-Form. Als Beispiel dafür ein Schülertext:

Johannes (15 Jahre): Fenster[126]

Du bist ein ausgesprochen häßliches Fenster, hat Dir das schon 'mal jemand gesagt? Ja doch, Du bist es. Du bist so normal, so stinknormal, von Dir gibt es Tausende auf der Welt. Mich gibt es nur einmal, das habe ich Dir voraus. Ja, das habe ich. Und außerdem bist Du dreckig. Ich glaube, Du hast einen ziemlich schlechten Charakter. Durch Dich kann kein Mensch mehr ordentlich gucken. Nimm dir 'mal ein Beispiel an mir: Ich erfülle meine Pflichten schließlich auch! Und wenn ich so frech wie Du wäre, würd's mir aber übel ergehen. Und Du? Du klebst weiterhin zwischen ein paar billigen Holzlatten, schmutzig und gleichgültig. Das Fenster einen Stock tiefer, das ist'n ganzer Kerl! Nie so verdreckt wie Du! Ich will Dir 'mal was sagen: Dir fehlt der Stolz. Jawohl, der Stolz! Du bist heruntergekommen. Du könntest Dich als glänzendes Kristallfenster fühlen, aber nein ... Du machst auf Billigfenster-Masche ... und ich darf's dann ausbaden. Ich werde Dir jetzt diesen Seifenschwamm 'mal richtig aufs Glas hauen. Wer nicht hören will, muß fühlen. Ich werde richtig lieblos mit dem Wischer auf Dir herumkratzen, damit Du's weißt! Da, nimm das! Du machst mir mein ganzes Putzwasser dreckig. Schäm Dich. Und merk' Dir eins: Wenn ich nächste Woche wieder zum Fensterputzen komme, will ich hier eine glänzende, klare Scheibe vorfinden, die mir nicht so viel Arbeit macht.

Liebes- oder Kriegserklärung[127]

Schreiben Sie in der Du- oder auch Sie-Form eine Liebeserklärung an jemanden bzw. etwas, den/das Sie besonders schätzen oder lieben, oder eine Kriegserklärung an jemanden bzw. etwas, den/das Sie entschieden mißbilligen oder innig hassen.

(Weitere Arbeitsanregungen zum Dialog enthält das folgende Kapitel „Erzählen in modernen Sprachformen".)

6.2 Erzählen in moderner Erzähler- und Figurenrede

Übliches Erzählen weist i.a. zwei Arten von Reden auf: Die **Erzählerrede,** die erzählt, und die **Figurenrede,** die erzählt wird. Das bedeutet aber, daß übliches Erzählen, weil in ihm ja nicht nur einer spricht, sondern zwei (Erzähler und Figuren) sprechen, eigentlich nicht einstimmig, sondern immer – mit Bachtin – „zweistimmig",[128] von zwei „Rede-Zentren" aus mit „zwei Sinngebungen" spricht.[129] Entscheidend für das Erzählen ist nun, in welches Verhältnis die beiden Redeteile bzw. -zentren durch ihre sprachliche und literarische Form gesetzt werden, vor allem ob ein Redeteil als dominant erscheint, welcher Redeteil das ist und wie dominant er wird. Damit wollen wir uns jetzt befassen und listen zunächst einige Möglichkeiten von Erzähler- und Figurenrede auf:

Die Erzählerrede steht i.a. im **Präteritum** (dem ‚epischen Präteritum'), und die Figurenrede ist **direkte Rede.** Doch können Erzähler- und Figurenrede auch andere Formen aufweisen: Die **Erzählerrede** kann ins Präsens wechseln (‚historisches Präsens') und überhaupt im Präsens stehen; sie kann sogar indirekte Rede sein. Die **Figurenrede** kann vom Erzähler in indirekter Rede berichtet und (als ‚erlebte Rede') im Präteritum erzählt werden; sie kann auch Monolog einer einzelnen Figur sein. Und die ganze Erzählung oder größere Teile von ihr können überhaupt als ‚innerer Monolog' erzählt sein.

Was diese vom Üblichen abweichenden Redeformen leisten und wie sie wirken, kann man leicht selbst erkunden, wenn man einen geeigneten Text in einige dieser Redeformen umwandelt. Um des Kontrastes willen sollte der gegebene Text dabei auch noch in reine Erzählerrede sowie in Dialogform umgewandelt werden:

Franz Hohler: Die Reinigung[130]

In eine Wäscherei kam einmal ein Mann und brachte eine Hose, die einer gründlichen Reinigung bedurfte, denn sie war durch und durch schwarz vor Schmutz. Als er sie wieder abholen wollte, reichte ihm die Verkäuferin eine Plastiktasche und sagte, mehr sei von der Hose nicht übriggeblieben.
„Die ist ja leer!" sagte der Mann.
„Ja", sagte die Verkäuferin, „dafür ist dieser entsetzliche Dreck weg."
„Da haben Sie recht", sagte der Mann, nahm die Tasche, bezahlte die Rechnung und ging.

Erkundung der Redeformen

1. Formen Sie den Text in reine Erzählerrede um, die keine direkte und indirekte Rede aufweist.
2. Verwandeln Sie die Figurenrede in diesem Text in indirekte Rede.
3. Setzen Sie den Text ins Präsens.
4. Verwandeln Sie die Erzählerrede und mit ihr dann auch die Figurenrede in indirekte Rede („Franz Hohler erzählt, in eine Wäscherei sei einmal ein Mann gekommen ...").
5. Verwandeln Sie die Erzählerrede so weit wie möglich in Figurenrede, so daß der Text (fast) nur noch aus Dialogen besteht.
6. Erzählen Sie die Geschichte als inneren Monolog (z.B.: „Diese Hose muß mal gründlich gereinigt werden. Sie ist ja wirklich schwarz vor Schmutz! ...").

Wenn Sie in einer Gruppe schreiben, würfeln Sie die Aufgaben unter den Teilnehmern aus. Lesen Sie Ihre Texte dann vor, und zwar unbedingt in der angegebenen Reihenfolge; achten Sie darauf, in welcher Weise sich die Erzählung durch die Umformungen und vor allem in der Abfolge der Umformungen verändert, und überlegen Sie, worauf das beruhen könnte.

Um mehr und auch originales literarisches Material für die folgende Besprechung der Redeformen zu haben, drucken wir noch einen Textauszug ab, in dem die meisten der jetzt erarbeiteten Redeformen und außerdem die ‚erlebte Rede' vorkommen.

Der Text ist von 1882 und stammt von einem der wenigen großen deutschen Erzähler des vorigen Jahrhunderts: von Fontane aus „Schach von Wuthenow“. Er wirkt auf den ersten Blick etwas spannungslos, bildet aber dennoch eine große **innere** Spannung ab (um das zu erreichen, wählt Fontane ja auch besondere Redeformen), die den Helden bestimmt: Schach, Offizier in einem preußischen Eliteregiment in Berlin, pflegt häufigen Umgang mit der schönen Frau von Carayon, wird aber einmal durch die Gunst der Stunde dazu verführt, mit ihrer häßlichen Tochter Victoire intim zu werden, und muß versprechen, sie zu heiraten. Mehr als alles fürchtet der ehrbesessene Schach den Spott der Gesellschaft und ist auf sein abgelegenes Gut Wuthenow geflüchtet, um sich mit seinem Problem in Ruhe auseinandersetzen zu können:

Theodor Fontane, aus: Schach von Wuthenow[131]

Es läutete gerade zum dritten Male, und so ging er denn ins Dorf hinunter, um von dem herr-	episches Präteritum (auch ff.)
schaftlichen Chorstuhl aus zu hören, was ihm der alte Bienengräber zu sagen habe.	indirekte Rede
Bienengräber sprach gut genug, so recht aus dem Herzen und der Erfahrung heraus, und als der letzte Vers gesungen und die Kirche wieder leer war, wollte Schach auch wirklich in die Sakristei gehen, dem Alten danken für manches gute Wort aus längst vergangener Zeit her und ihn in seinem Boot über den See hin zurückbegleiten. Unterwegs aber wollt er ihm alles sagen, ihm	
beichten und seinen Rat erbitten. Er würde schon Antwort wissen. Das Alter sei allemal weise, und wenn nicht von Weisheits, so doch bloß schon von Alters wegen. „Aber“, unterbrach er sich	indirekte Rede
mitten in diesem Vorsatze, „was soll mir schließlich seine Antwort? Hab ich diese Antwort nicht schon vorweg? Hab ich sie nicht in mir selbst? Kenn ich nicht die Gebote? Was mir fehlt, ist bloß die Lust, ihnen zu gehorchen.“	innerer Monolog
Und während er so vor sich hin redete, ließ er den Plan eines Zwiegesprächs fallen und stieg	
den Schloßberg wieder hinauf. In einer Woche war vielleicht eine bessere Gelegenheit.	episches Präteritum
[Oben ...] ging er jetzt durch alle Zimmer, ein-	

mal, zweimal, und sah sich die Bilder aller der Schachs an, die zerstreut und in Gruppen an den Wänden umherhingen. Alle waren in hohen Stellungen in der Armee gewesen, alle trugen sie den	
Schwarzen Adler oder den Pour le mérite. Das hier war der General, der bei Malplaquet die große Redoute nahm, und das hier war das Bild seines eigenen Großvaters, des Obersten im Regiment Itzenplitz, der den Hochkirchner Kirchhof mit vierhundert Mann eine Stunde lang gehalten hatte. Schließlich fiel er, zerhauen und zerschossen, wie alle die, die mit ihm waren. Und dazwischen hingen die Frauen, einige schön, am schönsten aber seine Mutter.	erlebte Rede
Als er wieder in dem Gartensalon war, schlug es zwölf.	
Er wirft sich in die Sofaecke, legt die Hand über Aug und Stirn und zählt die Schläge.	historisches Präsens
„Zwölf. Jetzt bin ich zwölf Stunden hier, und mir ist, als wären es zwölf Jahre … Wie wird es sein? Alltags die Kreepschen und sonntags Bienengräber oder der Radenslebensche, was keinen Unterschied macht. […] Und dann gehe ich mit Victoire durch den Garten, und aus dem Park auf die Wiese, dieselbe Wiese, die wir vom Schloß aus immer und ewig und ewig und immer sehen […]. Und dann ist auch allmählich die Zeit da, sich malen zu lassen für die Galerie. Denn wir dürfen doch am Ende nicht fehlen! Und zwischen die Generäle rück ich dann als Rittmeister ein, und zwischen die schönen Frauen kommt Victoire. Vorher aber hab ich eine Konferenz mit dem Maler und sag ihm: ‚Ich rechne darauf, daß Sie den **Ausdruck** zu treffen wissen. Die Seele macht ähnlich.‘ Oder soll ich ihm geradezu sagen: ‚Machen Sie's gnädig‘ … Nein, nein!“	innerer Monolog

Die Texte, die durch die Bearbeitung der Hohler-Geschichte entstanden, ergaben, in der vorgeschlagenen Reihenfolge gelesen, offenbar eine Abfolge mit einer bestimmten Tendenz. Diese Tendenz ist die eines **Abbaus des Erzählers;** sie ist eines der Merkmale modernen Erzählens[132] und u.a. durch den Gebrauch bestimmter Redeformen bedingt. Diese Redeformen betrachten wir – zunächst ein wenig theoretisch – nun genauer, gehen aber nicht nach der eben bezeichneten Abfolge des ‚Abbaus des Erzählers' vor, sondern behandeln jeweils formal benachbarte Redeformen zusammen. (Die Arbeitsanregungen zu allen jetzt zu behandelnden Redeformen geben wir zusammen am Schluß dieses Abschnitts. Es ist aber ohne weiteres möglich, Arbeitsanregungen vorzuziehen und schon nach der Besprechnung der jeweiligen Redeform zu bearbeiten.)

Zu Beginn soll noch etwas eingehender auf das **epische Präteritum** eingegangen werden, von dem die anderen Redeformen abgehoben werden. Wir beginnen mit dem Satz aus dem Fontane-Text, an dem bestimmte Merkmale dieser Redeform besonders auffällig werden: „In einer Woche war vielleicht eine bessere Gelegenheit." Dieser Satz wirkt, so für sich allein gestellt, seltsam, ja grotesk: Etwas in der Zukunft Liegendes („In einer Woche") kann in alltäglicher Rede wie in alltäglichem Erzählen nicht mit dem Präteritum („war") verbunden werden. Dennoch wirkte dieser Satz, im Kontext der Erzählung gelesen, absolut natürlich und auch völlig unauffällig. Das zeigt, daß das epische Präteritum der Erzählerrede, das mühelos und selbstverständlich solche Bildungen wie „Morgen war Weihnachten" und „Nächsten Monat starb er" hervorbringt, keine ‚natürliche', sondern eine künstliche, eben eine literarische Redeform ist, ebenso künstlich, d.h. literarisch wie manche andere Redeform, an die wir nur nicht durch jahrhundertelangen Gebrauch gewöhnt sind.

An einer Bildung wie „In einer Woche war eine bessere Gelegenheit" wird nämlich deutlich, daß das Präteritum des Erzählens nicht einfach – wie etwa in einer Chronik – wirkliches vergangenes Geschehen wiedergibt, sondern Geschehen so darstellt, wie ein **Erzähler** es – perspektivisch – erzählt: von ihm aus gesehen als **vergangenes** Geschehen (deshalb: „war"), gleichzeitig aber so, wie seine **Erzählfigur** es jeweils (und in der Erzählung bevorstehendes Geschehen als **zukünftig,** deshalb: „In einer Woche") erlebt. Das epische Präteritum ist die Redeform des dominanten Erzählers. Betrachten wir noch einen weiteren Aspekt des damit thematisierten Zeitensystems des Erzählens:

Der Erzähler erzählt das Erzählgeschehen traditionellerweise so, daß der **Leser** es über das jeweilige Erleben der Erzählfigur und deshalb nicht wie Vergangenes, sondern ‚miterlebend' wie **gegenwärtiges** Geschehen aufnimmt. Das drückt sich in dem bekannten Vorgang des **historischen Präsens** aus, darin also, daß der Erzähler dann, wenn sein Erzählen besonders spannend wird oder einen Höhepunkt erreicht, ins Präsens überwechselt – und das so völlig natürlich, daß der Leser es üblicherweise gar nicht auffaßt. In dem Fontane-Text: „Er wirft sich in die Sofaecke, legt die Hand über Aug und Stirn und zählt die Schläge." Das bedeutet: Im traditionellen Erzählen richtet der Erzähler eine komplette eigene Kunstwelt mit eigenem literarischen Zeitensystem von Vergangenheit, Gegenwart und Zukunft ein.[133]

Diese traditionelle Kunstwelt des Erzählens wird jedoch dann verändert, wenn das Präteritum, durch das sie u.a. bedingt ist, wegfällt und ausschließlich das Präsens gebraucht wird. Das geschieht in neuerer Zeit immer häufiger,[134] beispielsweise im Nouveau roman wie etwa in Alain Robbe-Grillets Roman „La jalousie". Ein kürzeres Beispiel:

Peter Handke: Prüfungsfrage 2[135]

Im Spiel mit einem seiner Kinder, das des Gehens noch unfähig ist, wirft ein Mann dasselbe empor und fängt es. Als er, von der Freude des Kindes am Spiel bewogen, den Vorgang wiederholt, rutscht ihm im Fall das Kind aus der Hand, schlägt auf den Boden auf und ist tot. Der Mann wird wegen fahrlässiger Tötung vor Gericht gestellt. Wie er, vom Richter aufgefordert, den Hergang des Unglücks erzählen soll, nimmt er zur Veranschaulichung seiner Erzählung – und um sich zudem von jeder Schuld reinzuwaschen – seiner gleichfalls im Saal anwesenden Gattin das andere Kind vom Arm, tritt vor und wirft das Kind in die Luft. Das Kind fällt herunter, rutscht dem Mann durch die Hände, schlägt auf dem Boden auf und ist tot.

Hier ist durch die veränderte Redeform eine andere Erzählhaltung entstanden. Sie baut die dominante, nämlich alles vermittelnde Stellung des Erzählers ein wenig ab, weil sie unmittelbarer Erzählgeschehen vergegenwärtigt.

Die Wirkung der **indirekten Rede** ist allgemein Distanzierung. Das gilt zunächst für die indirekt erzählte Rede der Figuren, also für die **indirekte Figurenrede,** wie sie in dem Fontane-Text verwendet wird. Besonders deutlich wird es, als Frau von Carayon Schach wegen seines Fehltritts mit Victoire zur Rede stellt:[136]

> Schach, der inzwischen Gelegenheit gefunden hatte, sich wieder zu sammeln, erwiderte, daß er wohl wisse, wie jegliches Ding im Leben seine natürliche Konsequenz habe. Und solcher Konsequenz gedenk er sich nicht zu entziehen. Er habe den Wunsch gehabt, unverheiratet zu bleiben, und von einer solchen langgehegten Vorstellung Abschied zu nehmen, schaffe momentan eine gewisse Verwirrung. Aber er fühle mit nicht minderer Gewißheit, daß er sich zu dem Tage zu beglückwünschen habe, der binnen kurzem diesen Wechsel in sein Leben bringen werde. Victoire sei der Mutter Tochter, das sei die beste Gewähr seiner Zukunft, die Verheißung eines wirklichen Glücks.

All dies wurde sehr artig und verbindlich gesprochen, aber doch zugleich auch mit einer bemerkenswerten Kühle.
Dies empfand Frau von Carayon in einer ihr nicht nur schmerzlichen, sondern sie geradezu verletzenden Weise; das, was sie gehört hatte, war weder die Sprache der Liebe noch der Schuld.

Es wird deutlich gesagt, was durch die Rede Schachs dargestellt werden soll: „bemerkenswerte Kühle“, Fehlen eines Gefühls der Liebe oder der Schuld, innere Distanziertheit eben; und sie wird formal abgebildet durch die indirekte Rede. Diese Leistung wird erzähltechnisch dadurch erreicht, daß die Figurenrede nicht als solche, nicht als eigene Erzählwirklichkeit auftritt, sondern vom Erzähler referiert ist, so daß in ihr doch der Erzähler spricht und nicht die Figur, deren Sprechen damit relativiert wird und distanziert erscheint. (Andererseits bedeutet die indirekte Rede auch immer eine Vermischung von Erzähler- und Figurenrede, bei der der Erzähler – trotz aller Dominanz – doch an Kontur verliert, weil seine Rede z.T. in die Figurenrede eingeht.[137])

Noch stärker distanzierend wirkt es, wenn ein **Ich-Erzähler** das, was **er** und sein **Redepartner** sagt, in **indirekter Rede** erzählt. Denn hier wird nicht nur die erzählte Figur, sondern auch der Erzähler, der als Ich-Erzähler i.a. auch selbst handelnde Figur ist, relativiert:

Christoph Hein, aus: Drachenblut[138]

Als ich in meinem alten Bett lag, kam Mutter herein. Sie setzte sich auf die Bettkante und sagte, wir müßten miteinander reden. Es gäbe so viel Unausgesprochenes zwischen uns. Ich sagte, ich verstünde nicht, was sie damit meine. Sie wurde traurig und fragte, warum ich so kalt zu ihr sei, so lieblos. Ich protestierte leicht, aber ohne Überzeugung, nur um keinen Streit aufkommen zu lassen.
Die Frau, die neben mir auf dem Bett saß, tat mir leid, aber weiter konnte ich kein Gefühl für sie aufbringen. […]
Dann erzählte sie, daß sie Hinner getroffen habe. Hinner ist mein geschiedener Mann. Er sei sehr, sehr nett zu ihr gewesen, habe sie in die Stadt mitgenommen und sei extra ihretwegen einen großen Umweg gefahren. Er werde voraussichtlich bald Oberarzt. Verheiratet sei er nicht wieder (er kommt nicht von dir los, Mädel). Er habe sich eingehend nach mir erkundigt und würde mich gern einmal wiedersehen. Ob ich ihn denn nicht auch sehen möchte. Ich sagte ihr, sie möge keine alten Geschichten aufwühlen, es sei zwecklos. […]
Mutter weinte dann wieder ein bißchen und erzählte noch von den

Nachbarn. Als sie ging, fragte sie mich, ob ich nicht auch fände, daß es schön gewesen sei, sich einmal richtig auszusprechen. Ich verstand nicht, was sie meinte, sagte aber, ich fände es auch.

Offenbar wird hier durch die indirekte Rede vor allem die emotionale Distanziertheit, die innere Verschlossenheit und auch Fremdheit der Ich-Erzählerin abgebildet, die später von sich sagt: „ich bin gegen alles gewappnet, mich wird nichts mehr verletzen. Ich bin unverletzlich geworden. Ich habe in Drachenblut gebadet, und kein Lindenblatt ließ mich irgendwo schutzlos. Aus dieser Haut komme ich nicht mehr heraus.“[139]

Die stärkste Form der Distanzierung wird dann erreicht, wenn auch die Erzählung des Er-Erzählers in indirekter Rede erscheint. Eine solche **indirekte Erzählerrede** liegt dann vor, wenn die Erzählung des eigentlichen Erzählers von einem anderen referiert wird. Beispielsweise gibt in „Musikgeschichte“, drei Erzählungen G. F. Jonkes,[140] jeweils ein Erzähler in indirekter Rede wieder, was sein Freund, ein Musikstudent, erzählt hat. Ein anderes Beispiel:

Peter Handke: Augenzeugenbericht[141]

Nach dem Bericht des Augenzeugen habe sich das Geschehen folgendermaßen abgespielt: zunächst sei der geistig zurückgebliebene Halbwüchsige mit hängendem Kopf aus dem Anwesen getrottet, dann sei er, in sich hineinmurmelnd, zu der im Hof befindlichen Rübenhackmaschine gegangen, dann sei der Vormund des Schwachkopfs aus dem Anbau gekommen, dann habe der Vormund die Maschine mit Rüben angehäuft, [... dem Geistesschwachen die Handhabung der Maschine gezeigt und ihn mit ihr arbeiten lassen, dann habe dieser plötzlich den Vormund gepackt, auf die Rübenhackmaschine geworfen und ihm die Schneide des Beils in die Kehle geschlagen und immer wieder zugeschlagen, wobei die Arme des Vormunds aufwärtsgesprungen seien, schließlich habe der Jugendliche] solange die Schneide in die Gurgel des Vormunds geschlagen, bis er, nach längerem Hin und Her, mit Ach und Krach dem letzteren den Kopf vom Rumpf getrennt hatte, worauf der Augenzeuge, da der Narr immer noch fortfuhr, das Beil zu bewegen, ihm endlich in den Arm fiel und entrüstet Einhalt gebot.

Es wirkt fast grotesk, wie der Augenzeuge dem grausigen Geschehen erst einmal genau und seelenruhig zuschaut und erst eingreift, als das gar keinen Sinn mehr hat, und der Erzähler diesen inhaltlich wie menschlich schrecklichen Vorgang unberührt und gelassen in indirekter Rede referiert: Unmenschlichkeit als Redeform. Erzählen in indirekter Erzählerrede ist hier extrem distanziertes

Erzählen, das den Erzähler weit von dem erzählten Geschehen wegnimmt und das die Dominanz des Erzählers entschieden abbaut.

Noch deutlicher als bei der indirekten Figurenrede sind die Vermischung von Erzähler- und – meist innerer – Figurenrede und der Abbau des traditionellen Erzählers bei der **erlebten Rede;** in dem Fontane-Text fanden wir:

> Das hier war der General, der bei Malplaquet die großen Redoute nahm, und das hier war das Bild seines eigenen Großvaters [...]

Es handelt sich um Gedanken Schachs. Sie sind nicht als direkte Rede Schachs („ ‚Das hier **ist** das Bild meines Großvaters' ") oder als indirekte Rede („Er dachte, das da **sei** das Bild seines Großvaters") wiedergegeben, sondern im Indikativ des Präteritums erzählt; sie stehen deshalb aber doch nicht im epischen Präteritum der Erzählerrede („Dort hing das Bild seines Großvaters"). Das bedeutet: Figuren- und Erzählerrede gehen ineinander über, und zwar so, daß die Figurenrede insgesamt beibehalten und die Erzählerrede aufgelöst ist, daß aus ihr aber Momente in die Figurenrede übernommen sind. Die Figurenrede ist so zwar ‚erzählt', kann dabei aber doch unmittelbar aus der Perspektive der Erzählfigur ‚erlebt' werden. Die Wirkung der ‚erlebten Rede' ist daher entgegengesetzt der distanzierenden Wirkung der indirekten Rede. Sie richtet unmittelbares Miterleben des Erzählten aus der Sicht der Erzählfigur ein. Sie wird im modernen Erzählen häufig gebraucht, von Döblin, Schnitzler, Thomas Mann, Musil beispielsweise; eine eindrucksvolle Verwendung erlebter Rede bildet das Ende von Kafkas „Prozeß".

Der Abbau des Erzählers geht dann weiter, wenn der **Dialog** (den wir hier weglassen, da wir ihn im vorigen Abschnitt behandelt haben) eine dominante Stellung in der Erzählung erhält, und gipfelt in der letzten Redeform, in die der Hohler-Text umzuformen war und die in dem Fontane-Text erschien, im **inneren Monolog:** Wenn er konsequent angewandt ist oder gar als eigene literarische Form gebraucht wird, fällt der Erzähler überhaupt weg. In den beiden Textstellen des Fontane-Textes ist dargestellt, wie Schach mit sich selbst spricht über das, was er tun sollte, sodann, daß er sich ausmalt, wie sein Leben nach seinem Ausscheiden aus dem Dienst und der Heirat mit Victoire sein wird. Es sind also Gedanken, Reflexionen, Vorstellungen der Erzählfigur als solche (und nicht mehr durch das Medium des Erzählers, der sie weiß und berichtet) dargestellt. Diese Form bietet die Möglichkeit, Geschehen – inneres wie äußeres – ganz aus der Sicht einer Figur zu erzählen. Sie kann auch eine Erzählung überhaupt bestimmen, so wie es zuerst Schnitzler in „Leutnant Gustl" und „Fräulein Else" oder Joyce in dem großen Monolog der Molly am Ende des „Ulysses" gemacht haben, und gibt dann die Möglichkeit, einen Vorgang, ein Geschehen ganz vom Innern einer Figur her zu erzählen, ihre innere Situation, ihre Wahrnehmungs- und Bewußtseinsvorgänge, ihren Bewußtseinsstrom abzubilden. Der innere Monolog ist deshalb eine besonders wichtige literarische Form. Ein (obzwar etwas makabres) Beispiel:

Gabriele Wohmann: Übersinnlich[142]

Wenn mir was leid tut, dann das. Komisch. Ich hätts mir nicht vorgestellt, ich meine, so trübselig, die Esserei. Das hätt ich gar nicht mal von mir gedacht, alle Achtung, wirklich. Willi Willi, es war doch mehr als man sich selber zutraute, blonder Wilhelm, ich meine: Liebe. Genau das und ich habs demnach mitgemacht und nun also überlebt. Liebe. Tz! Dies ist etwas zäh, vermutlich nicht abgehangen. Herrje du hast mich die letzten Jahre nicht mehr aus dem Laden vorgeholt und rüber runter rein zu dir in Kuttlerei, Därmerei, Wartebucht und Tötebucht, und das war doch meine Welt, Willi, genau wie deine, damals als dies anfing mit uns, was demnach Liebe war. Die Hackenbouterolle, je! Aber du mußtest ja mit Marga der Dünnen – ich sprechs nicht aus, nicht hierbei, nicht mit den Zähnen über diesem Knochen, nein. [...] Aber unsere Ehe, Wilhelm, die hast dann später du, ich meine mit Marga – doch: zerstört, ja, lang lang eh ich dies dauerhafte Wintergesicht bekam, rot zu Ehren deiner Ladenkasse – [...] Ich mag diesen Schenkel, ich mag deinen Schenkel, dein Schenkel und ich, eh Marga dazwischen kam, tz! Mich befriedigt doch, daß dies Liebe war. O Ewigkeit, du lehrst uns viel. Wie du mir fehlst, gerade bei dieser Esserei hier. Übrigens: auch die Kunden vermissen dich, und wo soll ich dich sein lassen nach deinem Urlaub an der Küste, wo? Schatz, ungelogen: in deinem Beisein würdest du mir noch viel besser schmecken. Wenn dies nicht auch ein Beisein ist. Und beides kann man nicht haben: aus Fleisch und Blut einen Mann, der lebt, und dasselbe Fleisch und Blut von demselben Mann, bloß nun zum Essen. Du, das ist übersinnlich, sicher.

Wir stellen die jetzt erarbeiteten Redeformen des Erzählens noch einmal an dem letzten Satz des Hohler-Textes zusammen:

Episches Präteritum:
Der Mann gab ihr recht, er nahm die Tasche, bezahlte die Rechnung und ging.
Indirekte Figurenrede:
Da habe sie recht, sagte der Mann, nahm die Tasche, bezahlte die Rechnung und ging.

Historisches Präsens:
„Da haben Sie recht", sagt der Mann, nimmt die Tasche, bezahlt und geht.
Erlebte Rede:
Was sollte er machen? Sie hatte ja recht. Am besten nahm er die Tasche, bezahlte die Rechnung und ging.
Indirekte Erzählerrede:
Nach Franz Hohler habe der Mann ihr recht gegeben, habe die Tasche genommen, habe bezahlt und sei gegangen.
Innerer Monolog:
Eigentlich hat sie ja recht. Sicher, die Hose ist weg. Aber auch der Dreck, und das ist die Hauptsache! Am besten nehm ich die Tasche, bezahl und geh.

Nun einige Arbeitsanregungen:

Mein früheres Ich

Vergegenwärtigen Sie sich ein Erlebnis oder eine Geschichte aus Ihrer Kindheit, etwa um ein Kleidungsstück/ein Spielzeug aus Ihrer Kindheit, um Essen/Spielen/Kranksein als Kind usw.

a) Erzählen Sie Ihr Erlebnis oder Ihre Geschichte aus der Perspektive des früheren Erlebens, und verwenden Sie die **erlebte Rede** oder den **inneren Monolog.**
b) Oder erzählen Sie Ihr Erlebnis bzw. Ihre Geschichte als unmittelbares Erleben im **Präsens.**
c) Oder erzählen Sie Ihr Erlebnis bzw. Ihre Geschichte aus der Sicht und in der Rolle, also als Ich-Erzählung eines der seinerzeit Beteiligten, den Sie als besonders verständnislos, übelwollend, feindselig usw. empfanden, und drücken Sie diese seine Distanz zu Ihnen durch den teilweisen Gebrauch der **indirekten Firurenrede** aus, in der er das, was Sie damals gesagt haben, referiert.

Ein Bild von mir (Gruppenarbeit)

Alle Teilnehmer bringen drei bis vier Fotos aus verschiedenen Lebensaltern mit, die ihnen besonders wichtig sind. Jeder legt die mitgebrachten Bilder vor sich hin.
Die Gruppe steht auf, geht von Tisch zu Tisch und sieht sich die Bilder an. Durch Mehrheitsentscheid auf einer Strichliste, die neben den Bildern liegt, wählt sie jeweils **ein** Bild aus, zu dem der ‚Besitzer' eine Ge-

schichte schreiben soll, und erteilt so den Schreibauftrag.
Über die Fotos sollte vor und während der Schreibphase nicht gesprochen werden.
Die genaueren Schreibaufgaben sind die von a) und b) aus der vorhergehenden Arbeitsanregung.

Und zu der wichtigen literarischen Form des **inneren Monologs** noch ein größerer Text, der weitere Möglichkeiten dieser Redeform erschließt, mit drei Arbeitsanregungen:

Michael Molsner, aus: Harakiri einer Führungskraft[143]

[Strehl, Journalist und stellvertretender Chefredakteur einer sehr am Massengeschmack orientierten Frauenillustrierten, erkennt in Keuk, seinem neuen Chef, den lange von ihm gesuchten Mann wieder, der als Feldgendarm Ende des Krieges seinen Freund umgebracht hat:]

Schwindlig sackte Strehl zurück ins Bett, senkte die Lider. Schöner blauer Himmel, kein Wölkchen. Er blieb still liegen. Schönes Wetter heute. Prima Wetter. Ja. Und ich hab' den Kerl. Nach zwanzig Jahren hab' ich ihn endlich. [...]
Strehl grinste [...]. Strehl, der Rächer, überprüft seine Ressourcen. *Noch liegt der Killer zu Bett, aber sogar im Halbschlaf wägt er mit der für ihn so charakteristischen kalten Gnadenlosigkeit Chance und Gegenchance, Gelegenheiten und Ungelegenheiten. Inside-Reportage exclusiv exclusiv. Unser Sonderkorrespondent berichtet Doppelpunkt Schlagzeile Unterzeile Vorspann. Ährenfurth den Soundsovielten.*
Strehl grinste, ohne die Augen zu öffnen. Da liegt er nun, der gefährliche Mann. Macht 'n Gesicht, wie wenn er grade im Zimmer seines Chefs 'n Furz gelassen hätte: ein Gesicht, verzerrt von Verlegenheit. Aber das ist natürlich nur Maske. *Eine Maske, hinter der unbeugsames Gerechtigkeitsgefühl, aber auch entschlossene Kompromißlosigkeit sich verbergen.*
Hättste nich gedacht, wa? Jawoll, in diesem zu gut genährten Wohlstandsbürger steckt ein Michael Kohlhaas, mit Happy-end natürlich. Kann vergangene Schuld nicht vergeben. Kann das Unrecht nicht schlucken! Macht er nicht – nein!
Mit langen, langsamen Schritten geht er die lange staubige Straße lang, rechte Hand klauenartig über dem abgewetzten Griff seines Friedensmachers vom Kaliber fümmunvierzich ...

Eine knappe klirrende Quart, ein rascher Ausfall: Dann setzt er die Spitze seines Degens auf die Feindesbrust. Genau über dem Herzen …
[…]
Unruhig wälzte sich Strehl.
Also ich weiß nicht – ich meine, der Strehl is ja doch 'n ganz moderner Mensch, nichwa? Weiß doch genau, wie er zu denken hat, zu analysieren, zu definieren, zu scheiden: Geist, Gefühl und Strafverfolgung … Also so einem würde es doch nie einfallen, sein Recht in die eigenen Hände … Nee nee, wo denkst du hin, wir sind schließlich nicht auf Sizilien! […]
Kraftlos und unruhig schloß Strehl immer wieder die schweißigen Hände. Er wollte sich wegdrehen, noch etwas schlafen … Schlafen, vielleicht auch träumen …
… und demnach, meine Damen und Herren, befindet der Patient sich in einer Zwangslage, deren Ursachen er übrigens zeitweise zu erkennen vermag … Schreiben Sie jetzt mal mit: Aufgrund eines Traumas hat sich in seiner Psyche – äh – Aggression aufgestaut. Und wenn dieser Aggressionsstau nicht abfließen kann, nicht hingelenkt wird auf ein geeignet scheinendes Haßobjekt, dann kehrt er sich zwanghaft gegen den Patienten selber. Äh … erste Symptome …
Wieder grinste Strehl.

[Keuk lädt ihn zu sich nach Hause ein und zeigt ihm seinen Garten mit Gartenzwergen und Muschelburgen. Strehl hat eine Pistole mit und will Keuk erschießen. Er überlegt ständig, wie er den Vorgang später darstellen kann, um nicht verurteilt werden zu können:]

Unter dem großen gelben Strohhut bewegten sich die verschatteten Lippen: „… deshalb in diesen Burgen mehr drinsteckt, als Sie auf den ersten Blick sehen. Die Hauptfrage ist natürlich, wo kriegen Sie genug Muscheln her?"
Zuerst identifizieren sie die Leiche. Dann werden die Spuren gesichert. Und als letztes kreist man den Tatverdächtigen ein; mit Fangfragen, Suggestivfragen, rhetorischen Fragen; mit höhnischen, bösen, bohrenden: Wie und wo und wann, warum: Ja und dann? Dann haben Sie abgedrückt?
„Zwei Säcke Muscheln?" fragte Strehl erstaunt.
Er sah sich vornübergebeugt dastehn, knapp vorm Zusammenbruch, die Augen aufgerissen, Haare feucht in der Stirn, der Mund geht auseinander und bettelt um Verständnis: *Mein Gott ich weiß doch nicht mehr es ist alles so schnell ich hab bloß den Knall gehört und dann*

auf einmal ist er dagelegen und …
„Zwei ganze, volle Säcke für eine einzige Burg?"
Strehl sah den zusammenbrechenden Strehl Atem holen, nach Fassung sah er ihn ringen: *Es war so, ich hab' nach dem Essen noch ein paar Tabletten genommen, gegen das Herzstechen. Vielleicht hätt ich daraufhin dann keinen Cognac mehr trinken dürfen, jedenfalls nach dem Cognac ist's mir dann auf einmal so taumelig geworden …*
„Das darf doch nicht wahr sein!" […]
Was sehen sie, wenn sie ihr unauffälliges Zivil zwischen die Rosenbeete tragen? Die Leiche des Hausherrn, zusammengekrümmt, reglos im blauen Gartenhemd. Der Strohhut hat den Kopf verlassen, ist ein paar Schritte weitergerollt. Und daneben kauert der angstschlotternde Täter … Daß ich schlottere, das ist wichtig. Darauf kann sich der sachverständige Psychiater später berufen, wenn er meine Bewußtseinsstörung begründet.
„… und an der hier zum Beispiel hab' ich anderthalb Jahre gearbeitet. Nur abends natürlich, nach Büroschluß. Und meine Frau hat nicht mitgeholfen."
„Ein dolles Ding. Phantastisch!"
Also wirklich, ich habe an nichts Böses gedacht, Herr Oberkommissar. Er war reizend. Erlaubte mir sogar, das Jackett abzulegen, und hat mir seine Schwierigkeiten beim Burgenbauen geschildert … Warum ich dann abgedrückt habe? Ja, das war so, er hat auf einmal ganz en passant auf die Zwerge hingewiesen und gesagt: Ganz nett, nicht? Zählen Sie mal nach, hat er gesagt, es sind zweiundzwanzig – für jeden, den ich im Krieg umlegen mußte, hab' ich mir so einen Zwerg in den Garten gestellt. Zweiundzwanzig Zwerge – zweiundzwanzig Opfer. Und der Alberich da drüben, hat er gesagt, der mit dem Stummelpfeifchen, der steht für Ihren Freund Manfred hier.
Und da, Herr Oberkommissar, da hab' ich einfach nicht mehr gewußt, was ich tat. […]
Strehl tastete nach dem Etui mit der Pistole […].

Die Erzählausschnitte weisen nur wenige übliche Erzähler- und Figurenreden auf, sie bestehen überwiegend aus inneren Monologen der Erzählfigur, aber aus recht verschiedenen. Sie stellen dar

1. Gedanken, Überlegungen, Vermutungen, Gefühle, Vorstellungen der Erzählfigur,
2. vorgestellte Reden der Erzählfigur, mit denen sie anderen ihr Verhalten erklären möchte,

3. Vorstellungen der Erzählfigur darüber, was andere über sie denken und sagen könnten,
4. Vorstellungen der Erzählfigur darüber, wie sie von der Sensationspresse geschildert werden könnte,
5. Vorstellungen der Erzählfigur darüber, wie sie in bestimmten Literaturgattungen, z.B. im Western, dargestellt werden könnte.

Falls Sie sich die eben aufgelisteten Möglichkeiten des inneren Monologs noch etwas einprägen wollen, können Sie den Molsner-Text durchgehen und am Rand mit den entsprechenden Ziffern die verwendeten Monologformen vermerken.

Bevor wir einige Arbeitsanregungen zum inneren Monolog geben, sei eine letzte Darstellungsform genannt, die in den folgenden Aufgaben auch angewandt werden kann. In Christa Wolfs „Was bleibt" heißt es einmal: „Aus Erfahrung wußte ich: Innerer Dialog ist dem inneren Dauermonolog vorzuziehen." Und es folgen dann Selbstgespräche, Dialoge mit der „inneren", der „bewußten Stimme" als dem „inneren Begleiter" und „Partner".[144] Entsprechend kann man beim inneren Monolog phasenweise wechseln oder überhaupt statt seiner den **inneren Dialog** mit einem bzw. seinem ‚anderen', ‚besseren', ‚bewußteren' usw. Ich wählen.

„Die wahren Abenteuer sind im Kopf" (André Heller)

Stellen Sie sich vor, daß Sie selbst etwas Besonderes, etwas, das niemand von Ihnen erwarten würde, etwas ganz Extremes und Radikales tun wollen und jetzt in Ihrem Kopf die Gedanken darum kreisen,

- warum eigentlich und ob und wie Sie es tun,
- wie Sie es anderen erklären würden,
- was andere dazu sagen würden,
- was darüber dann in der Zeitung, vor allem der Sensationspresse stehen würde,
- wie es wohl als Literatur dargestellt sein würde.

Wolf Wondratschek: Anekdote[145]

(griech. an-ekdoton), knapper Bericht über eine merkwürdige Begebenheit, die eine Persönlichkeit, Zeit u.a. schlagartig beleuchtet.

Mit einem Sprung aus dem 20. Stockwerk eines Hochhauses in Hamburg-Osdorf beging am Dienstagabend ein 28jähriger Arbeiter Selbstmord. Kurz vor seinem Todessturz hatte er neben dem Hochhaus ein Taxi verlassen. Seine letzten Worte zum Taxifahrer: „Gleich können Sie mal was erleben."

Was ist bloß dabei in ihm vorgegangen?!

Erzählen Sie genauer, was im Kopf des Mannes vorgeht, während er in dem Hochhaus hochgeht oder -fährt, und dabei auch darüber, was ihn zu seiner Tat veranlaßt.

Wolf Wondratschek, aus: Hausaufgaben[146]

Eine Frau verkauft auf der Straße einen Hundertmarkschein für fünfundneunzig Mark. Der Geldschein ist echt. Die Passanten machen einen Bogen um die Frau. 15 Minuten später muß sie im Präsidium sehr schwierige Fragen beantworten.

Was ist bloß dabei in ihr vorgegangen?!

Erzählen Sie genauer, was im Kopf der Frau vorgeht, während sie den Hundertmarkschein zum Verkauf anbietet oder während sie im Polizeipräsidium befragt wird.

7 Erzählen in modernen Sprachformen

Literarisches Erzählen ist ein künstliches Erzählen, das sich, wie wir mehrfach gesehen haben, vom alltäglichen Erzählen in verschiedener Weise unterscheidet. Eine wichtige Differenz zwischen alltäglichem und literarischem Erzählen liegt nun auch im Bereich der **Sprache:**

Wenn wir im **Alltag** von dem **erzählen** (nicht: berichten[147]), was wir empfunden, gesprochen, erlebt und gehört haben, dann erzählen wir für gewöhnlich ganz anders als ein literarischer Erzähler konventionellerweise erzählt: Wir wiederholen, verbessern uns, schweifen ab, setzen neu an, reden – oft noch in das zu Erzählende emotional involviert – mit Ausrufen und Fragen, mit abgebrochenen Worten und Sätzen, in unvollständigem Satzbau und mit Satzbrüchen. So erzählt man i.a. nicht, wenn man **literarisch erzählt,** und so läßt man üblicherweise auch nicht die Personen sprechen, von denen man erzählt. Doch kann man so erzählen, und so erzählen seit Impressionismus, Expressionismus und Naturalismus viele moderne Autoren.

(Ein kleiner theoretischer Exkurs: Wer so erzählt, kehrt damit nicht zum **alltäglichen Erzählen** zurück, die Differenz von alltäglichem und **literarischem Erzählen** wird also nicht aufgehoben, im Gegenteil: Formen alltagssprachlichen Erzählens im literarischen Erzählen werden ja nicht als alltägliches Erzählen wahrgenommen, sondern im Unterschied zum üblichen literarischen Erzählen; das aber wird nach wie vor im Unterschied zum alltäglichen Erzählen aufgefaßt.[148] Und deshalb haben wir es mit einer besonders künstlichen und vor allem wirkungsvollen Erzählform zu tun.)

Beginnen wir damit, daß **Gespräche** auch anders als literarisch konventionell wiedergegeben werden können: Ein Grund dafür, daß man seine Sätze manchmal nicht ausformuliert oder zu Ende spricht, kann beispielsweise sein, daß sie, bedingt durch die Situation, in der man sie spricht, so stereotyp und sprachlich so klischiert sind, also so wenig an wirklich Mitteilenswertem enthalten, daß man es auch gleich beim Grund- oder Anfangsklischee bewenden lassen kann. Ein Beispiel für ein (literarisches) Alltagsgespräch dieser Art:

Bodo Kirchhoff, aus: An den Rand der Erschöpfung weiter[149]

Morgen .. wird mein Borsalino wieder da sein, und ich werde wieder ausgehen im Laufe des Tages womöglich .. eine fällige Begegnung gehabt haben, von einer früheren Bekanntschaft auf die Schulter getippt worden sein, mich umgedreht haben .. auf der Stelle .. und hinter mir nachschauen, wer .. Das .. gibts doch nicht, das kann doch gar nicht wahr sein, ist es ja wirklich .. eine Freude, großer Gott, das denn die Möglichkeit, im Leben nicht gedacht so was, glaube .. träume .. machst du denn ausgerechnet hier, ein sinniger Zufall, kommst du denn da her, kanns noch gar nicht fassen .. dich mal anschauen, zähl doch mal, denn die ganze Zeit getrieben, führt dich denn in dieses Viertel, hats dich bloß hier her verschlagen, treibst du denn jetzt so .. dich noch mal anschauen überhaupt, lebst du denn jetzt, gehts dir denn eigentlich, wirklich ganz gut aus, unverändert .. innerst dich doch, ich bin oder nicht, gißt ja doch so manches, meinen Namen gar nicht mehr .. dich denn nie mal hier gemeldet, du denn vor jetzt heute noch, denn jetzt gerade hin so eilig, denn immer noch alleine, ja unverändert nach wie vor, doch nicht etwa eilig oder doch schon wieder weiter, vielleicht ein bißchen wenigstens für zwei Minuten, immer schon gewesen so, ganz derselbe, Gott sei Dank .. ja .. wohl was vor, was Wichtiges .. mir aber leid, man wohl nichts machen, es unbedingt sein muß .. es ja wissen, wirklich nicht schlimm, wirklich ein Witz, wir uns begegnet sind mal wieder .. von dir hören läßt, mich jederzeit erreichen, praktisch immer da .. falls eine riesige Freude, so trauriger, du wegmußt, nicht du mir noch zu spät kommst, dich bestimmt nicht halten hier, ich dich getroffen habe, solut komisch .. les Gute jedenfalls .. noch gar nicht richtig glauben .. uns ganz bestimmt mal wieder hier, dieser Stelle da womöglich auch beim nächsten Mal, dann Hals und Beinbruch weiterhin, mich sinnig gefreut, zu sprechen wieder mal zu reden, vielleicht ja uns auch wiedersehen, selben Gegend oder anderswo, dann also .. wirklich alles Gute .. die Zukunft und .. viel Glück, auf daß ..

Oder jemand beansprucht, im Gespräch besonders Gewichtiges und Bedeutsames zu äußern, hat aber eigentlich gar nichts der Art zu sagen und vermag es außerdem nicht zu artikulieren. Mynheer Peeperkorn ist ein berühmtes Beispiel dafür:

Thomas Mann, aus: Der Zauberberg[150]

„Meine Herrschaften. – Gut. Alles gut. Er-ledigt. Wollen Sie jedoch ins Auge fassen und nicht – keinen Augenblick – außer acht lassen, daß – Doch über diesen Punkt nichts weiter. Was auszusprechen mir obliegt, ist weniger jenes, als vor allem und einzig dies, daß wir verpflichtet sind, – daß der unverbrüchliche – ich wiederhole und lege alle Betonung auf diesen Ausdruck – der **unverbrüchliche** Anspruch an uns gestellt ist – **Nein!** Nein, meine Herrschaften, nicht so! Nicht so, daß ich etwa – Wie weit gefehlt wäre es, zu denken, daß ich – **Erle-**

digt, meine Herrschaften! Vollkommen erledigt. Ich weiß uns einig in alldem, und so denn: zur Sache!“

Ein besonders reiches Feld der Anwendung hat diese Sprechweise bei privaten und öffentlichen **Reden** aller Art, weil die Redner sich da oft auf einer ungewohnten Argumentations- und Stilebene bewegen müssen oder dem Zwang unterliegen, etwas sagen zu müssen, wo sie eigentlich nichts zu sagen haben, und sich deshalb in sinnleere Phrasen und Klischees flüchten. Auch dafür ein Beispiel:

Martin Walser, aus: Das Einhorn[151]

es erhebt sich jetzt die Frage ob wir da würde ich also gleich die Frage in die Diskussion werfen und zwar ganz bewußt von meiner Seite aus würde ich die Frage zurückführen auf die Kernfrage dann würde ich aber die Gegenfrage stellen müssen oder ist hier einer der sagt wir sollten diese Frage endlich als eine Scheinfrage begraben oder stellt sich denn die Frage nicht vielmehr so ganz bewußt würde ich die Frage aufwerfen das ist keine Frage des Beliebens muß also nicht jeder zu dieser Frage Stellung beziehen die Frage der Stellungnahme können wir nur durch andauernde Infragestellung können wir überhaupt ich weiß allerdings nicht ob ich auf Ihre Frage geantwortet habe;
ich würde sagen das Problem liegt noch anders ein brennendes Problem da würde ich einhaken müssen und sagen das Problem berührt ein anderes das uns genauso auf den Nägeln brennen sollte das würde ich nicht isolieren ich könnte noch ein Problem anführen das hierher gehört und noch nicht angeschnitten wurde vielleicht kommen wir dadurch auf einen Generalnenner für unser Problem überhaupt; […]
wir sind hier an einem Punkt angelangt sollten wir nicht die Anregung aufgreifen wir dürfen es uns finde ich nicht so bequem machen und meinen die Praxis entschuldigen Sie schon sieht doch so aus wir können doch nicht immer bloß davon ausgehen es geht uns doch darum es geht uns doch allen so ich glaube ich kann mich dahin zusammenfassen, ich bin nach wie vor, uns alle bewegt doch, konnte beileibe nicht erschöpfen, ich persönlich bin, nicht der Sinn einer solchen Begegnung, besinnen wir uns auf, jeder leistet seinen, daß diese Seite überhaupt angeschnitten wurde, wir können doch nur, wir dürfen doch nicht nur, wir müssen auch, ich glaube wir alle die wir heute, wir leben doch in einer, deshalb möchte ich mich.

„Leeres Gerede" – Sprechen, ohne etwas zu sagen

Erzählen Sie, was so gesprochen wird

- bei einer Begegnung im Alltag,
- auf einer Party/Fete, in der Freundes-Clique,
- im Klassenzimmer,
- bei einem Verwandtenbesuch, auf einer Beerdigung usw.

Oder erzählen Sie

- eine Festrede zum Geburtstag, zur Hochzeit, zur Scheidung, zu einem Jubiläum,
- eine Trauerrede,
- eine Rede zu einer Eröffnung, einer Einweihung,
- eine Politikerrede usw.

Das Geredete soll so voller Klischees und leerer Phrasen sein, daß das Grundklischee oder der Anfang der Sätze immer schon genügen, um sich den Rest denken zu können.

Im Anschluß daran ist folgende Gruppenarbeit denkbar:

„Gesprächsfetzen" (Gruppenarbeit)

Beginnen Sie wie jeder in der Gruppe in der Art der vorhergehenden Aufgabe einen Text und brechen Sie ihn nach der ersten Zeile ab. Geben Sie das Blatt an Ihren Nachbarn weiter. Der nimmt Ihren Text auf und führt ihn mit einem eigenen Text von 2-3 Zeilen fort, knickt das Blatt dann so um, daß nur noch seine letzte – abgebrochene – Zeile zu lesen ist, und gibt das Blatt an seinen Nachbarn weiter, der genauso verfährt. Wenn Ihr Blatt (das durch Farbe oder Form identifizierbar sein sollte) wieder bei Ihnen angekommen ist, schreiben Sie eine letzte Zeile und lesen dann vor.

Nun eine bekannte Situation: Jemand ist ans Telefon gestürzt und spricht atemlos, bricht ab oder wird unterbrochen; man hört nur ihn, versteht aber so ungefähr, worum es geht. Oder: Zwei telefonieren miteinander und lassen sich, aus welchen Gründen immer, meist nicht ausreden. Dafür Beispiele:

Ingeborg Bachmann, aus: Malina[152]

Ich nehme ein paar Stufen auf einmal, jage hinauf, weil ein Telefon leise zu rasseln scheint, es könnte unser Telefon sein, es läutet wirklich in Intervallen, ich sprenge die Tür auf, lasse sie offen hinter mir, denn das

Telefon schrillt, es ist in einem Alarmzustand. Ich reiße den Hörer vom Apparat und sage atemlos und erstaunt:
Ich komme gerade, spazieren war ich
Allein natürlich, was sonst, nur ein paar Schritte
Daß du zu Hause bist, wie soll ich denn nur
Dann habe ich dein Auto übersehen
Weil ich vom Rennweg gekommen bin
Ich muß vergessen haben, zu deinen Fenstern hinauf
Ich habs lieber, vom Rennweg zu kommen
Zum Heumarkt trau ich mich nicht
Daß du aber auch schon zu Hause bist
Wegen dem Stadtpark, da weiß man ja nie
Wo hab ich bloß meine Augen gehabt
In der Münzgasse, da steht meines heute auch
Dann ruf ich dich am besten, ich rufe also morgen an

Ich heute abend?
Nein, wenn du nicht kannst
Aber du bist doch
Das schon, aber dahin will ich nicht
Ich halte das aber für, entschuldige
Ich sage dir doch, es ist ganz ohne
Du gehst besser hin, denn ich habe vergessen
Du hast also. Du bist also
Dann bis morgen, schlaf gut!

Telefonieren

Erzählen Sie Ihren Part eines Gesprächs, etwa eines Telefongesprächs, bei dem Sie oft nicht zu Ende reden können. Oder erzählen Sie ein Gespräch (Telefongespräch), bei dem beide einander meist nicht ausreden lassen.

Ein Grund, weshalb etwas, das gesprochen worden ist, verkürzt und teilweise entstellt erzählt wird, kann sein, daß nicht nur Gespräche wiedergegeben werden, wie jemand sie gehört hat, sondern daß dabei auch die **Situation** dargestellt ist, in der er die **Gespräche gehört,** aber nur teilweise und unvollständig verstanden hat. In dem folgenden Textbeispiel von Peter Weiss, das von einer „Geselligkeit" erzählt, zu der die Haushälterin die Hausgenossen eingeladen hat, ist damit aber nicht nur die begrenzte Wahrnehmung des Ich-Erzählers, sondern auch die mögliche Unkommunikabilität und ‚Ungeselligkeit' von Gesprächen und von Sprache überhaupt abgebildet:

Peter Weiss, aus: Der Schatten des Körpers des Kutschers[153]

Ich selbst stand am Fenster [...]. Von den Worten des Hauptmanns, mit denen er, die Beine übereinandergeschlagen, abwechselnd einen Schluck aus dem Becher und einen Schluck aus dem Glase nehmend, Herrn Schnee ansprach, verstand ich, Ruhe genießen, in Ruhe richtig, selten in früheren Zeiten, so wie damals; worauf ich Schnee, der seinen Becher vor sich auf den Tisch gestellt hatte und das Likörglas in seinen großen knöchernen Händen drehte, entgegnen hörte, doch ganz (Gans), anders gearbeitet, was anderes, handeln, zusammengesammelt; [...] seine übrigen Worte gingen verloren unter der kichernd aufsteigenden Stimme der Haushälterin, folgende Worte ausrufend, könnte man einmal, ein Mann einmal, welche von der Mutter mit den Worten Bräutigam wählen, an Fingern abzählen, ergänzt wurden, worauf die Haushälterin Worte äußerte die mir jedoch entgingen weil sich gleichzeitig der Schneider mit folgenden deutlich werdenden Worten, besser fühlen, viel besser wenn Wetter besser, auch immer im Rücken, mit dem Rücken tun, ehe Wetter umschlägt, Regen zuende, lange genug, immer in den Rücken, einmal vor zwei Jahren, nein zwei, nein zweieinhalb Jahren, so daß ich nicht aufrichten, [...] an den Doktor wandte. Der Doktor, das Glas an den kaum sich regenden Lippen, sprach ganz leise, keine Besserung, noch nicht, keine Besserung absehen, gleichgültig, was schon aus, doch aus, doch nagen; übertönt von den Worten des Hausknechts mit denen sich dieser sowohl an den Doktor als auch an den Schneider wandte, kann bestätigen, Acker nachmittags, abgeakkert (abgerackert), Wolken, klärt sich auf, an Wolken sehen, auch in Handgelenken und Knieen, hatte einen Onkel, Wasser sucht (Wassersucht, was er sucht), nicht mehr rühren können [...].

Eine Schrumpfform des Gesprächs

Erzählen Sie in der Art von Peter Weiss Gespräche, die Sie mitgehört, aber – vielleicht wegen des herrschenden Lärms – nur teilweise verstanden haben,

- von Schülern während der Pause,
- von Lehrern im Lehrerzimmer,
- von Hausfrauen bei einem Kaffeekränzchen,
- von Sportlern während des Trainings,
- von Leuten bei einer Party/Fete, in einer Wirtschaft, einer Disco usw.

Der Text von Peter Weiss stellt vor allem dar, wie etwas, hier sind es Gespräche, von jemandem **wahrgenommen** wird. Dieser Ansatz läßt sich noch entschiedener fassen, indem überhaupt nur das sinnlich Wahrgenommene erzählt wird. Das würde bedeuten, daß Wahrnehmungen unverbunden nebeneinander stehen bleiben, also nicht bewußtseinsmäßig verarbeitet werden (mit Kant gesprochen: nicht zu Anschauungen und Erfahrungen synthetisiert werden), sondern daß Wahrgenommenes einfach als solches genannt und in der Abfolge des Wahrnehmens gereiht wird. Ein Beispiel:

Wolfgang Borchert, aus: Die lange lange Straße lang[154]

Leutnant steht drüben und kommandiert: Links zwei drei vier links zwei drei vier zickzacke juppheidi zwei drei vier links zwei drei vier die Infantrie die Infantrie pink pank pink pank drei vier pink pank drei vier pink pank pink pank die lange Straße lang pink pank immer lang immer rum warum warum warum pink pank pink pank bei Woronesch darum bei Woronesch darum pink pank die lange lange Straße lang. Ein Mensch. 25. Ich. Die Straße. Die lange lange. Ich. Haus Haus Haus Wand Wand Milchgeschäft Vorgarten Kuhgeruch Haustür.

Zahnarzt
Sonnabends nur nach Vereinbarung
Wand Wand Wand
Hilde Bauer ist doof

Leutnant Fischer ist dumm. 57 fragen: warum. Wand Wand Tür Fenster Glas Glas Glas Laterne alte Frau rote rote Augen Bratkartoffelgeruch Haus Haus Klavierunterricht pink pank die ganze Straße lang die Nägel sind so blank Kanonen sind so lang pink pank die ganze Straße lang Kind Kind Hund Ball Auto Pflasterstein Pflasterstein Kopfsteinköpfe Köpfe pink pank Stein Stein grau grau violett Benzinfleck grau grau die lange lange Straße lang Stein Stein grau blau flau flau so grau Wand Wand grüne Emaille

Schlechte Augen schnell behoben
Optiker Terboben
Im 2. Stockwerk oben

Wand Wand Wand Stein Hund Hund hebt Bein Baum Seele Hundetraum Auto hupt noch Hund pupt doch Pflaster rot Hund tot Hund tot Hund tot Wand Wand Wand die lange Straße lang Fenster Wand Fenster Fenster Fenster

Dieser Text ermöglich eine uns sonst ungeläufige Erfahrung: Jede **Sprache** ist immer auch ein Ordnungssystem, nämlich ein sprachliches System, in dem eine Sprachgemeinschaft ihre Sicht der Welt darstellt und strukturiert. Und diese elementare **sprachliche Ordnung** von Welt ist aufgegeben, wenn wie in dem Borchert-Text Wahrgenommenes (und Gedachtes) sprachlich atomisiert : bloß einfach als solches genannt und gereiht wird. Damit ist nicht nur eine Wahrnehmungsform isoliert abgebildet, sondern eine Erfahrung unserer Welt außerhalb der uns einsozialisierten sprachlichen Ordnungsmuster ermöglicht, eine Erfahrung ihrer möglichen Fremdheit, ihrer Zufälligkeit (Kontingenz).

Georges Perec, aus: Das Leben. Gebrauchsanweisung[155]

In der obersten Etage, unter den Dächern, ist ein ganz kleines Zimmer, das von einer jungen, sechzehnjährigen Engländerin, Jane Sutton, bewohnt wird [...].

Das junge Mädchen steht am Fenster. Mit freudestrahlendem Gesicht liest sie – oder tut es vielleicht schon zum zwanzigsten Mal – einen Brief und knabbert dabei an einer Brotkante. Am Fenster hängt ein Käfig; ein Vogel mit grauem Gefieder sitzt darin, der am linken Fuß einen Metallring hat.

Das Bett ist sehr schmal: es ist eigentlich nur eine Schaumstoffmatratze auf drei Holzwürfeln, die als Schubladen dienen, und darüber eine Daunendecke in Patchwork. An der Wand über dem Bett hängt eine Korktafel von etwa sechzig Zentimeter auf einen Meter, an der mehrere Papiere festgesteckt sind – die Gebrauchsanweisung eines elektrischen Toasters, ein Wäschereischein, ein Kalender, der Stundenplan der Vorlesungen bei der Alliance francaise und drei Fotos [...].

Das einzige andere Möbelstück des Zimmers ist ein schmaler, niedriger Tisch, der den dürftigen, zwischen Bett und Fenster verfügbaren Raum einnimmt und auf dem sich ein Plattenspieler – einer dieser ganz kleinen, Platten-Fresser genannten Apparate – , eine viertelvolle Flasche Pepsi-Cola, ein Kartenspiel und ein Kaktus im Blumentopf, der geschmückt ist mit einigen bunten Kieselsteinen, einer kleinen Plastikbrücke und einem winzigen Sonnenschirm, befinden. [...]

An einem an der Tür befestigten Kleiderhaken hängen ein Regenmantel und ein langer Kaschmirschal.

Eine [...] quadratische, großformatige Fotografie ist mit Heftzwecken rechts an der Wand befestigt, nicht weit von der Stelle entfernt, wo das junge Mädchen steht; sie stellt einen großen Salon mit Parkettboden dar, in dem kein einziges Möbelstück steht mit Ausnahme eines riesigen geschnitzten Sessels im Stil Napoleon III., auf dessen rechter Seite, eine Hand auf der Lehne, die andere in die Hüfte gestützt, das Kinn vorgestreckt, ein ganz kleiner, als Musketier verkleideter Mann steht.

Nur das aufschreiben, was man wahrnimmt

a) Stellen Sie sich vor, Sie treten in das Zimmer von Jane Sutton ein, schauen umher und nehmen nacheinander einzelnes wahr: Reduzieren Sie den Text in der Art des Borchert-Textes so – Sie können, was Sie ‚wahrnehmen', zunächst unterstreichen oder herausschreiben –, daß nur noch das stehenbleibt, was Sie sinnlich wahrgenommen haben.

b) Beschreiben Sie in der Art des Borchert-Textes (wenn Sie mögen, zuvor auch erst noch in konventioneller Art)

- den Gang durch eine Straße, ein Stadtviertel, eine Gegend – das kann eine fremde Umgebung, aber auch Ihr täglicher Weg zu Schule, zur Arbeit, zum Einkaufen, zu Ihrem Freund / Ihrer Freundin sein,
- den Raum, in dem Sie leben, arbeiten, kochen usw.,
- den Raum, in dem Sie gerade sind, gegebenenfalls mit denen, die auch noch darin sind,
- ein markantes Gebäude, eine bekannte Ansicht Ihrer Stadt, eine touristische Sehenswürdigkeit (gegebenenfalls nach vorher ausgelosten Postkarten) usw.

Wenn in einer kleineren Gruppe die letzte Teilaufgabe bearbeitet wird, kann man auch so vorgehen, daß jeder seinen Text vorliest und die anderen raten, welches Gebäude, welche Sehenswürdigkeit er beschrieben hat.

Einen Schritt weiter gehen wir – und damit schließen wir an die Erzählform an, mit der das vorige Kapitel über moderne Redeformen endete: an den inneren Monolog –, wenn wir nicht nur Wahrnehmungen, sondern alles, was in unserem Kopfe vorgeht und abläuft, sprachlich abzubilden suchen. Bei einer solchen Darstellung des **‚Bewußtseinsstroms'** geht es nicht darum, daß die Inhalte unseres Bewußtseins grammatisch und syntaktisch regelrecht versprachlicht werden, sondern daß das unablässige Strömen und Arbeiten von Gedanken, Gefühlen, Assoziationen, Erinnerungen und Wahrnehmungen als solches abgebildet wird. Erste Erfahrungen damit liefert das **‚free writing':**

Bewußtseinsstrom

Legen Sie Ihre Uhr vor sich hin. Fangen Sie bei einer bestimmten Zeigerstellung an zu schreiben:
Schreiben Sie, ohne abzusetzen, und dabei ohne Satzzeichen und ohne alle Rücksicht auf sprachliche Regeln genau zwei Minuten lang alles auf, was Ihnen gerade durch den Kopf geht.

Nun ist es möglich, als Bewußtseinsstrom auch gezielter bestimmte Bewußtseinsvorgänge darzustellen, etwa die **Erinnerung** oder die **Erwartung.** Hier zunächst aus dem berühmten Beispiel des ‚stream of consciousness', dem mehr als 40seitigen Monolog der Molly am Schluß des „Ulysses" von James Joyce, eine Stelle, in der Molly sich an ihren Gibraltaraufenthalt erinnert:

James Joyce, aus: Ulysses[156]

er war der erste Mann der mich unter der alten maurischen Mauer küsste als mein Liebling noch ein Knabe war ich konnte mir gar nicht vorstellen was küssen bedeutet bis er mir die Zunge in den Mund steckte sein Mund war süss und jung ich streifte ihn ein paar mal mit dem Knie um es zu lernen was sagte ich zu ihm ich wäre verlobt zum Spass mit dem Sohne eines spanischen Edelmanns mit Namen Don Miguel de la Flora und er glaubte dass ich ihn in 3 Jahren heiraten sollte manches wahre Wort wird im Scherz gesprochen es blühet eine Blume habe ihm aber auch allerlei Wahres über mich erzählt nur dass er so was zum Nachdenken hatte die spanischen Mädchen mochte er nicht ich glaube keine von ihnen wollte ihn haben ich machte ihn ganz toll er zerknautschte alle Blumen an meinen Busen die er mir mitbrachte er kam nicht zurecht mit den Pesetas und Perragordas bis ich es ihm zeigte er sagte er käme aus Cappoquin am Blackwater aber es war zu kurz und am Tag bevor er fortging es war im Mai ja im Mai als der spanische Kronprinz geboren wurde bin ich immer so im Frühling ich möchte jedes Jahr einen neuen hoch oben auf dem Felsen wo die Kanone steht in der Nähe des O'Haras Tower ich sagte ihm hier wäre der Blitz eingeschlagen und alles über die Berber Affen die sie nach Clapham schickten und dass sie keinen Schwanz hätten und einer auf dem Rücken des andern durch die Schau liefen [...] ich hatte die weisse Bluse an vorne war sie offen wollte ihn reizen so viel ich nur konnte aber nicht zu weit sie fingen grade an dicker zu werden ich sagte ich wäre müde wir lagen über der Tannenbucht eine einsame Stelle ich glaube es ist der höchste Fels den es gibt [...] Molly mein Liebling nannte er mich wie hiess er doch noch Jack Joe Harry Mulvey ja ich glaubte Leutnant er war ziemlich blond hatte sone lachende Stimme und da ging ich nach wieheisstsnoch alles war wieheisstsnoch hatte einen Schnurrbart er sagte er wolle wiederkommen Herr im Himmel als wäre das alles gestern gewesen

Mollys Erinnern vollzieht sich offenbar sprunghaft und ganz diskontinuierlich. Das bildet genau den Bewußtseinsvorgang der **Erinnerung** ab. Arno

Schmidt, dem es (in der Nachfolge von James Joyce) bei seinen Erzählformen besonders um die literarische Abbildung von Bewußtseinsvorgängen, oder wie er sagt: um eine „konforme Abbildung von Gehirnvorgängen durch besondere Anordnung von Prosaelementen"[157] geht, hat sich genauer mit dem Vorgang des Sich-Erinnerns und seiner literarischen Darstellung befaßt:

> man rufe sich am Abend den vergangenen Tag zurück, also die „jüngste Vergangenheit" [...]: hat man das Gefühl eines „epischen Flusses" der Ereignisse? Eines Kontinuums überhaupt? Es gibt diesen epischen Fluß, auch der Gegenwart, gar nicht. Jeder vergleiche sein eigenes beschädigtes Tagesmosaik!
> Die Ereignisse unseres Lebens springen vielmehr. Auf dem Bindfaden der Bedeutungslosigkeit, der allgegenwärtigen langen Weile, ist die Perlenkette kleiner Erlebniseinheiten, innerer und äußerer, aufgereiht. Von Mitternacht zu Mitternacht ist gar nicht „1 Tag", sondern „1440 Minuten" (und von diesen wiederum sind höchstens 50 belangvoll!).
> Aus dieser porösen Struktur auch unserer Gegenwartsempfindung ergibt sich ein löcheriges Dasein [...].[158]

Das bezieht sich zunächst auf die Erinnerung an eben Vergangenes. Für das Sich-Erinnern an früher Geschehenes gilt außerdem:

> man erinnere sich eines beliebigen kleineren Erlebniskomplexes, sei es „Volksschule", „alte Sommerreise" – immer erscheinen zunächst, zeitrafferisch, einzelne sehr helle Bilder (meine Kurzbezeichnung: „Fotos"), um die herum sich dann im weiteren Verlauf der „Erinnerung" ergänzend erläuternde Kleinbruchstücke („Texte") stellen: ein solches Gemisch von „Foto-Text-Einheiten" ist schließlich das Endergebnis jedes bewußten Erinnerungsversuches.[159]

Will man nun eine Erinnerung nicht als wohlsortierte künstliche Anordnung der Erinnerungselemente, sondern als unmittelbaren **Bewußtseinsstrom des Sich-Erinnerns** beschreiben, dann wird man das Erinnern in der Art des Joyce-Textes zunächst als sprunghaft und diskontinuierlich darstellen und damit die „poröse" Erinnerungsstruktur unseres „löcherigen Daseins" abbilden. Und der Bewußtseinsstrom des Sich-Erinnerns kann sich im Sinne Arno Schmidts auch ganz oder teilweise an – typografisch vielleicht besonders hervorgehobenen – Erinnerungs-„Fotos" orientieren, um die ergänzende und erläuternde Erinnerungs-„Texte" gruppiert sind.

Ein anderer Bewußtseinsvorgang, der als Bewußtseinsstrom dargestellt werden kann, ist die **Erwartung.** Dazu ein extremes Beispiel dafür, wie viele und vielartige und manchmal ganz disparate Elemente in einer Erwartung (hier der in Ost-Berlin auf ein Pop-Konzert von Mick Jagger mit den „Rolling Stones“) enthalten sein können:

Ulrich Plenzdorf, aus: kein runter kein fern[160]

sie sagn, daß es nicht stimmt, daß MICK kommt (und die Schdons) rocho aber ICH weiß daß es stimmt rochorepocho ICH hab MICK geschriebn und er kommt rochorepochopipoar ICH könnte alln sagn, daß MICK kommt, weil ICH ihm geschriebn hab aber ICH machs nicht ICH sags keim ICH geh hin ICH kenn die stelle man kommt ganz dicht ran an die mauer und DRÜBEN ist das SPRINGERHAUS wenn man nah rangeht, springt es über die mauer SPRINGERHAUS RINGERHAUS FINGERHAUS SINGERHAUS MICK hat sich die stelle gut ausgesucht wenn er da aufm dach steht, kann ihn ganz berlin sehn und die andern Jonn und Bill und die hörn mit ihre ANLAGE die wern sich ärgern aber es ist ihre schuld, wenn sie MICK nicht rüberlasn ICH hab ihm geschriebn aber sie habn ihn nicht rüberglasn aber MICK kommt trotzdem so nah ran wies geht auf MICK ist verlaß sie sagn, die DRÜBEN sind unser feind wer so singt, kann nicht unser feind sein wie Mick und Jonn und Bill und die aber MICK ist doch der stärkste EIKENNGETTNOSETTISFEKSCHIN! ICH geh hin dadarauf kann sich MICK verlassn ich geh hin Mfred muß inner kaserne bleibn und DER hat dienst ICH seh mir die parade an KEIN FERN und dann zapfenstreich KEIN RUNTER und dann das feuerwerk und dann MICK-parade ist immer schau die ganzen panzer und das ICH seh mit die parade an KEIN FERN dann zapfenstreich KEIN RUNTER dann feuerwerk KEIN RUNTER dann MICK KEIN RUNTER arschkackpiss ICH fahr bis schlewskistraße vorne raus zapfenstreich stratzenweich samariter grün frankfurter rot strausberger grau schlewski grün vorne raus strapenzeich stratzenweich mit klingendem spiel und festem tritt an der spitze der junge major mit seim stab der junge haupttampourmajor fritz scholz, der unter der haupttribüne den takt angegeben hat mit sein offnes symp warte mal symp gesicht und seim durchschnitt von einskommadrei einer der bestn er wird an leunas komputern und für den friedlichn sozialistischen deutschen staat arbeitn denn er hat ein festes ziel vor den augn dann feurwerk dann MICK ICH weiß wo die stelle ist ubahn bis spittlmarkt ICH lauf bis alex dann linje a kloster grau märk mus weiß spittlmarkt vorne raus SPRINGERHAUS MICK und Jonn und Bill und die aufm dach EIGENNGETTNOSETTISFEKSCHIN rochorepochopipoar!

Ohne Punkt und Komma

Schreiben Sie in der Art des Bewußtseinsstroms, also atemlos, sprunghaft und ohne Punkt und Komma einen fiktiven Text, in dem eine Person

- von einer Erinnerung bzw. von Erinnerungen überwältigt wird,
- ungeduldig auf etwas oder auf jemanden wartet.

8 Erzählmontagen und -collagen

Am meisten entfernt sich das Erzählen von seinen traditionellen, an sukzessivem Erzählen, beherrschenden Erzählfiguren und fortlaufender Handlung orientierten Formen, wenn es die Form der Montage oder Collage wählt.

Die Technik der Collage stammt aus der bildenden Kunst. ‚Collage' heißt ‚ankleben': Um 1910 klebten Picasso und Braque Zeitungsausschnitte, Papierstreifen, Holz, Glas und anderes in ihre Bilder. In der **Literatur** benutzten zunächst die Dadaisten Collage-Formen, aber auch Karl Kraus, Erwin Piscator, Alfred Döblin, Edlef Köppen, Dos Passos. Nach dem 2. Weltkrieg nahmen Mitte der fünfziger Jahre Mitglieder der „Wiener Gruppe" das Collageverfahren wieder auf, und in den sechziger, vor allem aber in den siebziger Jahren gewann es einige Verbreitung und größere literarische Bedeutung.[161] In den achtziger Jahren ist es dann sehr zurückgetreten. Dennoch bleibt es eine für die bildende Kunst wie für die Literatur wesentliche Technik.[162]

Was ist nun genauer mit ‚Montage' oder ‚Collage' in der Literatur gemeint? An sich könnte man ja, wenn wie im Falle von E. T. A. Hoffmanns „Lebensansichten des Katers Murr", von Gabriele Wohmanns „Klavierstunde" oder auch von Ingeborg Bachmanns bekanntem Gedicht „Reklame" zwei unterschiedliche Textschichten ineinandergeschoben sind (wir haben mehrfach mit dieser Technik gearbeitet), von einem ‚montierten' Text sprechen. Doch hat sich ziemlich durchgesetzt, von ‚Montage' und vor allem von ‚Collage' bei literarischen Texten nur dann zu sprechen, wenn wenigstens einer der verwendeten Texte oder mehrere und gar alle Texte von einem anderen Autor bzw. von anderen Autoren stammen, also **zitiert** sind: „Die literarische Collage ist also eine Form der Textmontage, nämlich der wie auch immer gearteten Montage von Zitaten."[163]

Das Collageverfahren ist damit eine Technik, bei der der Autor und sein ganz eigenes (vielleicht sogar ‚geniales') Hervorbringen einmaliger Werke in den Hintergrund tritt. Bei ihm hat Belang, daß jeder, der schreibt, immer auch beeinflußt von Traditionen und Vorbildern, daß er in vorgegebener Sprache und vorgegebenen literarischen Formen mit vorgedachten Deutungsmustern schreibt, in einiger Hinsicht also stets gesellschaftlich-kulturell Gegebenes **reproduziert.** Eine direkte Form, das abzubilden und literarisch wirksam werden zu lassen, ist das collagierende ‚Zitat' des kulturell-literarisch-sprachlich Vorgegebenen. Und es ist eine wichtige Schreiberfahrung, daß literarische Produktivität nicht nur das völlig neue Hervorbringen von literarischen Gestaltungen bedeutet, sondern auch im souveränen, bewußten, teilweise spielerischen Umgehen mit literarisch und sprachlich Gegebenem bestehen kann.[164]

Wir beginnen mit Zeitungs-Collagen:

Alfred Döblin, aus: Berlin Alexanderplatz (1929)[165]

Vorzug der Kleinmotorspritze ist einfache Konstruktion, leichte Bedienung, geringes Gewicht, geringer Umfang. – Deutsche Volksgenossen, nie ist ein Volk schmählicher getäuscht worden, nie wurde eine Nation schmählicher, ungerechter betrogen als das deutsche Volk. Wißt ihr noch, wie Scheidemann am 9. November 1918 von der Fensterbrüstung des Reichstags uns Frieden, Freiheit und Brot versprach? Und wie hat man das Versprechen gehalten! – Kanalisationsartikel, Fensterreinigungsgesellschaft, Schlaf ist Medizin, Steiners Paradiesbett. – Buchhandlung, die Bibliothek des modernen Menschen, unsere Gesamtausgaben führender Dichter und Denker setzen sich zusammen zur Bibliothek des modernen Menschen. Es sind die großen Repräsentanten des europäischen Geisteslebens. – Das Mieterschutzgesetz ist ein Fetzen Papier. Die Mieten steigen ständig. Der gewerbliche Mittelstand wird auf das Pflaster gesetzt und auf diese Weise erdrosselt, der Gerichtsvollzieher hält reiche Ernte. Wir verlangen öffentliche Kredite bis zu 15 000 Mark an das Kleingewerbe, sofortiges Verbot aller Pfändungen bei Kleingewerbetreibenden. – Der schweren Stunde wohlvorbereitet entgegenzugehen ist Wunsch und Pflicht jeder Frau. Alles Denken und Fühlen der werdenden Mutter kreist um das Ungeborene. Da ist die Auswahl des richtigen Getränks für die werdende Mutter von besonderer Wichtigkeit. Das echte Engelhardt-Karamelmalzbier besitzt wie kaum ein anderes Getränk die Eigenschaften des Wohlgeschmack, der Nährkraft, Bekömmlichkeit, erfrischenden Wirkung. – Versorge dein Kind und deine Familie durch Abschluß einer Lebensversicherung einer schweizerischen Lebensversicherung, Rentenanstalt Zürich.

Zeitungs-Collage I

Döblins Collage fügt einzelne Zeitungspassagen aneinander. Nehmen Sie eine Zeitung, schneiden oder schreiben Sie passende Texte heraus und fügen Sie sie zu einer Collage zusammen. Dabei können Sie wie Döblin die einzelnen Texte voneinander absetzen, können sie aber auch ineinander übergehen lassen.

Kurt Schwitters, aus: Aufruf! (1921)[166]

AUFRUF! (ein Epos)

Was ist ein Abstinent? ∀-N-N-∀

Kein anderer Beruf ist so eng mit dem Laufe der Jahreszeiten verknüpft.

Abstinent kann männlichen und weiblichen Geschlechts sein. Das letztere hat mehr Anlage dazu.

(FACHTIERARZT für
HUNDEKRANKHEITEN.)

KU Quarzlampenbehandlung („Höhensonne".) Elektrotherapie — Kupieren in Narkose KU KU

Sprechzeit 10—12 ⊙

[Zweigniederlage Berlin.]

Insbesondere wird Wert gelegt auf reifes politisches Urteil, hervorragend gewandte, klare und fesselnde

AusdrucksForm

Der hannoversche MALER Kurt Schwitters veröffentlicht in der Zeitschrift „DER STURM" nachstehende Dichtung:

und die Fähigkeit, den Ereignissen auf dem Fusse folgend alle Tagesfragen in leitenden Artikeln in erschöpfender und formvollendeter Weise zu behandeln. (LÄRM LINKS.)

An ANNA BLUME!

(Name und Verpackuug gesetzlich geschützt.) (D. R. P. MERZ?) (D. R. G. M.)

////////////////// ARBEITER!

Je mehr die Untersuchungen und Veröffentlichungen über den Weltkrieg die verbrecherischen Taten des alten Regimes dem Volke zum Bewusstsein bringen (Gottverdammter Mistbauer, kannste nich hören?), desto frecher erhebt die Reaktion, die heute in der Deutschnationalen Volkspartei verkörpert wird (O, dit is een widerlichen Menschen, isses!), ihr Haupt. Ich ersehe darin den aus dem Innersten kommenden Ausdruck des Entschlusses aller vaterländischen Kreise, die Schwere dieser Zeit gemeinsam zu tragen (Zurück zur einsamen Mutter Roma!), bis das Bittere der uns auferlegten Prüfung überwunden ist. (Militärdiktatur.) Angebote und Stilproben aus der letzten Zeit, Lebenslauf und Bild erbeten. (Der Verkehr wird durch Umsteigen aufrecht erhalten.)

(Es wird das Jahr stark und scharf hergehen.)

Die Menge versperrte die Strassen, und der Kraftwagen wurde in wenigen Minuten von der Menge angehalten, wobei beide Lokomotiven stark beschädigt wurden.

Die Zeitungs-Collage von Schwitters ist zwar nicht aus originalen Zeitungsausschnitten montiert, soll aber nach der Art, wie sie gedruckt ist, diesen Eindruck hervorrufen.

Zeitungs-Collage II

Nehmen Sie eine Zeitung, schneiden Sie Wörter, Wortgruppen, Sätze und Textstellen aus und kleben Sie sie zu einer ähnlichen Collage zusammen.

Döblins Roman „Berlin Alexanderplatz" ist entscheidend geprägt durch vielfältigen Gebrauch von Collagen. Die oben abgedruckte Passage steht im Anfang des 4. Buchs, das auf mehreren Seiten zunächst eine Beschreibung des

Alexanderplatzes und von Straßen in seiner Umgebung gibt. Vor unserem Abschnitt sind Geschäfte in diesen Straßen aufgezählt:[167]

> Destillen, Restaurationen, Obst- und Gemüsehandel, Kolonialwaren und Feinkost, Fuhrgeschäft, Dekorationsmalerei, Anfertigung von Damenkonfektion, Mehl und Mühlenfabrikate, Autogarage, Feuersozietät:

Vom Stichwort „Feuersozietät" wird dann übergeblendet auf die Zeitungsanzeige einer Feuerspritze, darauf folgen weitere Zeitungsausschnitte. Sie haben untereinander zwar keinen Zusammenhang, sind aber so angeordnet, daß sie kontrastierende Bereiche betreffen oder doch kontrastierende Assoziationen nahelegen: Gerät mit „geringem Umfang" – gewaltiger politischer Betrug ... große und hehre politische Versprechen – „Kanalisationsartikel" ... „Paradiesbett" – aktive Kulturtätigkeit des Bücherlesens – „Fetzen Papier" eines Gesetzes – Bierwerbung für werdende Mütter – Sterbefürsorge. Wir haben es hier also mit einer **Kontrast-Collage** zu tun, und diese Form könnte auch bei der Eigenproduktion verwirklicht werden.

Franz Biberkopf, der Held des Romans, ist gerade aus dem Gefängnis entlassen worden und sucht sich in der Großstadt zurechzufinden und zu einem ehrlichen Leben zu kommen. Döblin benutzt die Collagetechnik, um seinen eigentlichen Gegenspieler darzustellen: das Berlin der zweiten Hälfte der zwanziger Jahre, die **Großstadt.** Und er will die Großstadt nicht über die subjektive Schilderung oder aus der begrenzten persönlichen Erlebnisperspektive einer einzelnen Romanfigur darstellen, sondern wie sie als Gleichzeitigkeit und in der Unüberschaubarkeit ihrer vielen unterschiedlichen Bereiche selbst ist. Deshalb hat Döblin auch, wie das „Marbacher Manuskript", die erste Niederschrift des Romans, ausweist,[168] mit vielen originalen Materialien, u.a. aus Zeitungen, gearbeitet, die dem Manuskript beiliegen oder in es eingeklebt sind: Ein Abbild der Großstadt ist ihre **Zeitung,** und was sie in Döblins Collage abbildet, ist vor allem die Verschiedenartigkeit, die erdrückende Disparatheit des Großstadtlebens, die es so schwer macht, in ihr Orientierung oder gar Halt zu finden. Eine ähnliche Erfahrung kann auch in der Eigenproduktion dargestellt sein.

Kurt Schwitters ist einer der Hauptvertreter des Dadaismus. Er hat als bildender Künstler wie als Schriftsteller gearbeitet und bekannte Bildcollagen, aber auch Textcollagen gemacht. Seine Textcollage „Aufruf!" ist deutlich anders als die von Döblin. Sicherlich sind auch hier viele Kontraste zu konstatieren, doch ist mit ihnen der Text noch nicht genau genug beschrieben. Es werden unterschiedliche Texte benutzt: Aufruf, Tierarztanzeige, Stellenanzeige für einen Journalisten, Selbstanzeige von Schwitters, politische Zeitungsartikel, Zeitungsbericht, Kommentare u.a., die aber nicht einfach aneinandergereiht sind, sondern so ineinandergeschoben und z.T. miteinander vermischt sind, daß

Sinnzusammenhänge z.T. schwer oder gar nicht mehr aufzufassen sind und manchmal überhaupt **Unsinn** entsteht:

Der Text zielt auf Irritation und Verunsicherung des Lesers, er spricht in einer provokativen **Protesthaltung,** die – nur teilweise politisch gezielt – allgemein gegen die bestehende Literatur und die bürgerliche Kultur gerichtet ist. Vor allem aber ist der Text stark **spielhaft:** er spielt gezielt mit Textsorten, Drucktechniken, Sprachmustern und -formen. Er destruiert spielhaft und macht so die Fragwürdigkeit mancher Formen und Veranstaltungen der Zeit sinnfällig. Dieses Spielmoment ist es, das neben einigen Spielmustern bei einer eigenen Zeitungs-Collage in der Art von Schwitters vor allem aufgegriffen werden könnte.

Man kann beim Collagieren nun auch noch etwas weitergehen und nicht nur Texte und Textteile, sondern auch **Sprachelemente** collagieren:

Festtagsmüll[169]

1. Denken Sie einmal voraus: Weihnachten ist vorbei, es ist, sagen wir, der 27. Dezember. Zurückgeblieben ist ein großer Haufen Festtagsmüll, z.B. vertrocknete Tannenzweige, Kerzenstummel, zersplitterte Weihnachtsbaumkugeln, zerdrücktes Lametta, verknülltes Geschenkpapier, herumliegende Geschenkbänder und -schleifen. Beschreiben Sie diesen Haufen.
2. Jetzt soll versucht werden, einen ähnlichen Müllhaufen aus Sprache herzustellen. Dazu brauchen wir weiteres Material: Sammeln Sie Substantive, Wortgruppen und auch kurze Sätze, die Ihnen zu ‚Weihnachten' einfallen; es soll sich um typisches Weihnachtsvokabular handeln.
3. Dieses Material wird nun ‚vermüllt', d.h. so verbraucht und beschädigt, wie es mit den Weihnachtsrequisiten während der Festtage geschieht: Sie können z.B. Silben aus Wörtern streichen (das würde dem Zusammendrücken von Verpackungen entsprechen), Silben und Wörter vertauschen oder wiederholen (wie man es manchmal mit Geschenken macht), Sätze abbrechen oder ineinanderschieben (wie man Kartons auf dem Müll stapelt) oder was Ihnen sonst noch einfällt.
4. Suchen Sie sich aus dem ‚Sprachmüll', den Sie so produziert haben, das aus, was Ihnen am besten gefällt, und fügen Sie es zu einem Text zusammen, der nun wie ein Müllhaufen wirken soll.

Ein Beispiel:

Jana Gruninger: Wenn das Knechtkind singt

Es begann vor 1989 Jahren, da wurde der Jesumann vom Weihnachtschrist auf die Erde geschmückt. Es war das erste Sternnachtsfest. Der Weihrecht kam mit den fröhlichen Königen und den drei Seeligen bepackt mit Müll und der Bescherungsgans, um sie dem Schenknachtskind zu singen. Zwar war es ein weiter Schmuck nach Kripplehem, und Schneebaum und Tannenwinter hatten schon gebacken, doch sie scheuten keine Mühe, um dem Engelsknecht ihre Genachte vorzuschenken. Eine Kerze am Schimmel geleitete sie bis zum Sternenbau, wo die Krüppel stand.

Nun zwei literarische Beispiele für das Collagieren von Sprachelementen:

Horst Bienek: Trauerarbeit II[170]

In tiefer trauer
　　plötzlich und unerwartet
für immer von uns gegangen
　　　　verschied
wir haben die schmerzliche pflicht
　　in den ewigen frieden heimgegangen
nach einem arbeitsreichen leben
　　　　verstarb
ist heimgegangen zu Gott
　　völlig unerwartet
tiefbewegt geben wir kenntnis
　　　　entschlief
zu sich in die ewigkeit aufgenommen
　　in das ewige reich gegangen
hat Gott zu sich geholt
　　　　entschlummert
von schwerem qualvollem leiden erlöst
　　sanft entschlafen
in unermeßlichem ratschluß
　　　　abberufen

wir nehmen abschied
    in aller stille erlöst
wir beklagen den tod unsres teuren
        fortgegangen
        tot

Hubert Fichte, aus: Die Palette[171]

Gestern morgen ..
Auf dem Wege ..
Auto erfaßt ..
Man brachte ..
Schweren Kopfverletzungen ..
Alle Bemühungen ..
Jedoch vergebens ..
37 Jahre alt ..
Drei kleinen Kindern ..
Ohne das Bewußtsein wiedererlangt ..
Einige Jahre ..
Bei uns ..
Freier Mitarbeiter ..
Vor wenigen Tagen ..
Feierten wir seinen Einstand ..
Einer von den Stillen ..
Glücklich ..
Den Platz gefunden ..
Wünschte ..
Ihm zustand ..

Partner-Collage (Partnerarbeit)

Wählen oder erlosen Sie einen Partner.
In dem Bienek-Text sind Sprachteile aus verschiedenen Todesanzeigen collagiert. Nehmen Sie eine Zeitung oder mehrere, wählen Sie jeder eine andere Textsorte (etwa: Werbung, Heirats-, Wohnungs-, Kauf- und Verkaufsanzeige, Stellenangebot, Wettervorhersage, Theaterbesprechung, politischer Kommentar, Lokales usw.) und schreiben oder schneiden Sie sich Material heraus, mit dem Sie etwa in der Weise wie Bienek verfahren.
Am Schluß sollen beide Texte zusammengefügt werden. Deshalb ist zweierlei zu beachten:

1. Schreiben Sie in der Art des Fichte-Textes so, daß Sie nur Satzanfänge („Rüstiger Enddreißiger sucht …") oder daß Sie nur Satzschlüsse („… spätere Verlobung nicht ausgeschlossen.") haben, und einigen Sie sich mit Ihrem Partner vorher darauf, wer welchen Part übernimmt.
2. Schreiben Sie wie Ihr Partner genau 10 Zeilen.

Wenn Sie fertig sind, fügen Sie ihre beiden Texte nach dem Reißverschlußprinzip zu einer Gesamtcollage zusammen und lesen Sie sie vor.

William Burroughs, aus: Die Zukunft des Romans[172]

Brion Gysin, ein in Paris lebender amerikanischer Maler, hat die cut-up Methode entwickelt, die dem Schriftsteller erlaubt, nach dem Collageprinzip zu arbeiten wie es in der Malerei seit 50 Jahren gang und gäbe ist – Textseiten werden zum Beispiel in 4 Teile zerschnitten, die Teile werden umgestellt, es ergeben sich neue Anordnungen von Wort&Bild Komplexen – Beim Schreiben meiner beiden letzten Bücher, NOVA EXPRESS und THE TICKET THAT EXPLODED, habe ich eine Variation der cut-up Methode verwendet, die ich ‚fold-in' Methode nenne: – Eine Textseite (von mir selbst oder von einem anderen) wird in der Mitte der Länge nach gefaltet und auf eine andere Textseite gelegt – Die beiden Texthälften werden ineinander-‚gefaltet', d.h. der neue Text entsteht indem man halb über die eine Texthälfte und halb über die andere liest.

‚Fold in' (Gruppenarbeit)

Jeder kann selbst nach der Anweisung von Burroughs mit fremden Texten, etwa mit Seiten aus berühmten Romanen, oder mit einem fremden und einem eigenen Text Collagen machen. Wir schlagen ein Verfahren vor, wie man in einer Kleingruppe mit dem Fold-in-Verfahren arbeitet.

1. Wählen Sie eine Dreiergruppe. Nehmen Sie jeder ein Blatt Papier im DIN A4-Format, falten es der Länge nach in der Mitte und legen es mit der Faltkante nach links genau auf die rechte Hälfte eines gleichen, aber ungefalteten Blattes, befestigen die beiden Blätter vielleicht noch mit Heftklammern aufeinander. (Wenn Sie es technisch ganz perfekt machen wollen, benutzen Sie alle das gleiche linierte Papier.)
2. Schreiben Sie nun auf der ganzen Breite des darunterliegenden Blattes **und** des rechts daraufliegenden Halbblattes über dessen Faltkante hinweg, und zwar, was Sie mit den anderen Gruppenmitgliedern

noch vorher vereinbaren müssen, gleich viele, etwa 15 oder 20 Zeilen. Schreiben Sie jeder einen Text beliebiger Textsorte: eine Märchensequenz, eine Liebesszene, eine Naturschilderung, einen Drohbrief, eine Urlaubspostkarte, eine Verlustanzeige, einen Aufruf, eine Rede usw.

3. Sind alle fertig, nehmen Sie Ihre beiden Blätter auseinander, und jeder gibt, wenn Sie im Kreise sitzen, sein unteres, links beschriebenes Blatt seinem linken und sein oberes, eingefaltetes Blatt seinem rechten Nachbarn. Jeder legt nun die beiden verschiedenen fremden Blätter, die er erhalten hat, in der vorher geübten Weise aufeinander, liest die jeweiligen Zeilen zusammen und macht aus ihnen (auf einem weiteren Blatt) einen neuen, einen Collagetext.
4. Sind alle fertig, gehen die beiden ersten Blätter wieder an die ursprünglichen Verfasser zurück. Es werden zunächst die drei zuerst geschriebenen Texte und dann die drei Collagetexte vorgelesen.

Die hier und teilweise auch bei den beiden vorhergehenden Aufgaben entstehenden Texte werden oft gewisse grammatische und syntaktische Unregelmäßigkeiten und vor allem **Sinnsprünge** und -brüche aufweisen. Das muß kein Fehler sein, wenn man als Textart auch die akzeptiert, die etwa der Dadaismus und in seiner Nachfolge der **Surrealismus** hervorgebracht hat. Zur Ermutigung sei ein surrealistischer Text hierhergesetzt:

Max Hölzer: Babylon[173]

Der blaue Himmel ist voll gewogenen Zuckers. Man kauft ein, spurlos wie nie ein Wild. Auf Schienen. Da ist einer, der den Pfiffen sein Ohr verstopft. Die Uhr preßt er auf den Mund, um sie zum Schweigen zu bringen. Ist es nicht wie ein Badeort. Die Fahrkarte ist ein Stein, der sich schwer macht in seinem Bett. Am Horizont wirbelt ein wenig Staub, der erste Atemzug der Geliebten, der ihm gilt. Eine Wolke hängt von Rand zu Rand des Himmels. Krieg und Frieden, Warzen und Rinnsale. Er läßt sich die blutige Drohung nicht mehr einfallen. Der nächste Zug überfährt ihn; er wird es selbst nicht bemerkt haben. Sonntagsverkehr. Die Sprachverwirrung hat ihre Kristalle in Rauchkammern gerettet, über den komfortablen Wartehallen, die lügen.

Solche Texte erwecken den Eindruck, etwas darzustellen, das ungeordnet, fremd, ja chaotisch und sinnlos ist.[174] Das wirkt dann besonders kraß, wenn die gemeinten Wirklichkeiten, etwa ‚Weihnachten‘ oder ‚Trauerfall‘, sich üblicherweise so präsentieren, als ob sie etwas fraglos Notwendiges und Sinnvolles wären. Da macht beispielsweise die **Sprachcollage** mit prägenden Brüchen und Sinnlosigkeiten auf ihre Problematik und mögliche Sinnleere aufmerksam und entlarvt scheinbare Harmonie als konventionelles Klischee.

Entscheidenden Anteil daran hat die **sprachliche Collagierung.** Die Mischung von sprachlich und vor allem semantisch Unzusammenhängendem, die ständigen syntaktischen und semantischen Brüche stehen quer zu den konventionellen Sprachformen und machen manche von ihnen als klischierte und stereotypisierte Phrasen erkennbar. Mehr noch: „Wir leben mehr oder weniger bewußt in einer von Sprachstereotypen wetterfest imprägnierten Wirklichkeit" (Franz Mon):[175] was bei der Sprachcollage zunächst ein willkürliches ‚babylonisches' Durcheinander von Sprache scheint, enthüllt diese eigentliche „Sprachverwirrung" (Max Hölzer), in der wir unsere Wirklichkeit wahrzunehmen gewohnt sind.

Doch darf man die Sprachcollage nicht einseitig nur als Instrument der Kritik an der Sprache und an dem durch sie Übermittelten auffassen. Daneben ist wichtig, daß sie **Spiel** ist, ungebundenes und abenteuerliches Spiel mit Sprache. Sie erlaubt, ja fordert dazu auf, Sprache einmal außerhalb ihrer üblichen Verwendung, frei von ihren konventionellen Regelzwängen zu verwenden und so neue, bislang unerkannte und ungenutzte Möglichkeiten von Sprache zu entdecken. Denn die unüblichen und unvermutbaren Sprachverbindungen, die das Spiel der Sprachcollage hervorbringt, stiften oft ganz neuen sprachlichen Sinn. Das „offene Sinnmuster" (Franz Mon)[176] der Sprachcollage läßt für den jeweiligen Leser neue Bilder und überraschende Bedeutungen entstehen, die ganz ungewohnte Aspekte der Wirklichkeit sichtbar machen. (Hier wirken unsere Arbeitsanordnungen, weil sie teilweise den Zufall einbeziehen und so viel der Assoziations- und Vorstellungskraft des Lesers anheimgeben, ähnlich wie das von den Surrealisten propagierte ‚automatische Schreiben', bei dem man sich ganz seinen Vorstellungen und Assoziationen überlassen und spontan, gleichsam passiv alles schreiben soll, was sie einem ins Bewußtsein bringen.)

Abschließend können wir aber die **kritischen** Möglichkeiten der Collage noch einmal besonders nützen. Wir haben zu Beginn die Collage als Montage von Zitaten gefaßt und mit der Montage von Zeitungs-Zitaten begonnen. Darauf sei nun zurückgegriffen. Da die Collage immer auch mit Originaltexten, man kann sagen: mit **Dokumenten** arbeitet, hat sie die Möglichkeit, die Wirklichkeitsbereiche, aus denen sie diese Dokumente nimmt, in eigener Weise authentisch und dabei kritisch darzustellen. Das ist besonders dann der Fall, wenn die Dokumente so ausgewählt und miteinander in Beziehung gesetzt werden, daß sie den Wirklichkeitsbereich, aus dem sie stammen, vor allem durch die Kontrastierung unterschiedlicher Aspekte als auffällig, fremd, widersprüchlich und fragwürdig erscheinen lassen. Offenbar ist hier die Grenze zu einer anderen literarischen Kunstform, zur Dokumentarliteratur, fließend. Eben das jetzt beschriebene Verfahren ist es ja, das etwa das dokumentarische Theater angewendet hat: Heiner Kipphardt bei ,,In der Sache J. Robert Oppenheimer", Peter Weiss in der ,,Ermittlung", im ,,Lusitanischen Popanz" und im ,,Viet Nam Diskurs", Hans Magnus Enzensberger im ,,Verhör von Habana" usw.

Kontrast-Collage

Wählen Sie ein bestimmtes Thema, etwa ,Liebe', ,Schule', ,Beruf', ,Ferien', ,Natur', ,Tiere', ,Wohnen' usw. und collagieren Sie möglichst kontrastiv unterschiedliche Textausschnitte dazu, zum Thema ,Liebe' etwa: literarische Darstellung einer Liebesszene, historischer Liebesbrief, Frauenheftroman, Illustriertenbeitrag, Schlager, Biologiebuch, Aufklärungsschrift, Kontaktanzeige, Sprichwörter, Redensarten usw.

9 Anmerkungen

1 Einen entsprechenden Lehrgang zur **Lyrik** bietet: Günter Waldmann: Produktiver Umgang mit Lyrik. Eine systematische Einführung in die Lyrik, ihre produktive Erfahrung und ihr Schreiben. Für Schule (Sekundarstufe I und II) und Hochschule sowie zum Selbststudium. Baltmannsweiler: Schneider 1988.

2 Für eine eingehendere literaturtheoretische Darstellung s. Günter Waldmann: Produktive literarische Differenzerfahrung. Skizze eines literaturtheoretischen Konzepts – am Beispiel Lyrik. In: Wirkendes Wort. 37. Jg. 1987, S. 32-45; und in: Produktiver Umgang mit Lyrik. (= Anm. 1) S. 222-232.

3 Es ist also die traditionsreiche Unterscheidung zwischen Daß-Sein und Was-Sein, Existenz und Wesen der Produziertheit des literarischen Textes, mit der hier gearbeitet wird.

4 S. Tzvetan Todorov: Michail Bakhtin: le principe dialogique suivi de Écrits du Cercle de Bakhtine. Paris: Éditions du Seuil 1981; Mikhail Bakhtin: The Dialogical Principle. (Theory and History of Literature 13) Manchester: Manchester University Press / Minnesota: The University of Minnesota Press 1984.

5 Günter Waldmann: Kommunikationsästhetik 1: Die Ideologie der Erzählform. Mit einer Modellanalyse von NS-Literatur. (UTB 525) München: W. Fink 1976; **Sekundärliteratur,** die hier zitiert oder diskutiert wurde, wird i.a. nicht noch einmal angeführt.

6 Für allgemeine **didaktische** Überlegungen zum produktionsorientierten Literaturunterricht s. Günter Waldmann: Grundzüge von Theorie und Praxis eines produktionsorientierten Literaturunterrichts. In: Handbuch „Deutsch" für Schule und Hochschule. Sekundarstufe I. Hg. v. Norbert Hopster. (UTB Große Reihe) Paderborn: Schöningh 1984. S. 98-141; Literarische Bildung als produktive literarische Erfahrung – ein alternatives Konzept. In: Der Deutschunterricht. 42. Jg. 1990, H. 5, S. 80-85.

7 S. insbes. Erzählen im Alltag. Hg. v. Konrad Ehlich. (suhrkamp taschenbuch wissenschaft 323) Frankfurt/M.: Suhrkamp 1980; Eva Neuland: „Ja, laß doch erzählen!" Konversationelles Erzählen im Alltag. In: Wirkendes Wort. 33. Jg. 1983, S. 361-383.

8 Nach: Intensivkurs Kreatives Schreiben vom 14. bis 23. Oktober 1988 in Bonn. Eine Dokumentation. o.O. und J. S. 7; Idee: Ingrid von Engelhardt.

9 Nach: Joachim Fritzsche: Geschichten und Gedichte. Schreib-Aufgaben Übungen Spiele. 2. veränderte Aufl. o.O. und J. [Hamburg 1988] S. 104-106.

10 Nach: Joachim Fritzsche/Katrin Bothe/Karl Günter Rammoser: Schreibwerkstatt. Geschichten und Gedichte: Schreibaufgaben, -übungen, -spiele. Stuttgart: Klett 1989. S. 11 f.

11 Aus: Peter Bichsel: Die Jahreszeiten. Neuwied/Berlin: Luchterhand 1967. S. 136 f.; die zweite Fassung ist die Originalfassung.

12 Z.B. Dr. Watson in Arthur Conan Doyles „Sherlock Holmes"-Geschichten, Adrian Leverkühn in Thomas Manns „Doktor Faustus"; s. Gerhard v. Graevenitz, in: Arbeitsbuch Romananalyse. Hg. v. Hans-Werner Ludwig. (Literaturwissenschaft im Grundstudium 12) Tübingen: Narr 1982. S. 89-91.

13 Roman. Übers. v. Gerda von Uslar. (Bibliothek Suhrkamp 1033) Frankfurt/M.: Suhrkamp 1989. S.21 f.

14 Roman. Übers. v. Helmut Scheffel. (suhrkamp taschenbuch 89) Frankfurt/M.: Suhrkamp 1989. S. 169.

15 Christa Wolf: Kindheitsmuster. Roman. (Sammlung Luchterhand 277) Darmstadt/Neuwied: Luchterhand 1979. S. 9.

16 S. Franz K. Stanzel: Theorie des Erzählens. (UTB 904) Göttingen: Vandenhoeck 1979. S. 134-147.

17 Nach: Joachim Fritzsche/Katrin Bothe/Karl Günter Rammoser: Schreibwerkstatt. (= Anm. 10) S. 74 f.

18 Vgl. Franz K. Stanzel: Theorie des Erzählens. (= Anm. 16) S. 289-293: „Sterben in der Ich-Form".

19 Tzvetan Todorov: Die Kategorien der literarischen Erzählung. In: Strukturalismus in der Literaturwissenschaft. Hg. v. Heinz Blumensath. (Neue Wissenschaftliche Bibliothek 43) Köln: Kiepenheuer & Witsch 1972. S. 282 f.

20 Eberhard Lämmert: Bauformen des Erzählens. Stuttgart: Metzler 1955. S. 143 ff.

21 Für eine genauere Darstellung s. Günter Waldmann: Kommunikationsästhetik 1: Die Ideologie der Erzählform. (= Anm. 5) S. 185-190.

22 S. Günter Waldmann: Kommunikationsästhetik 1: Die Ideologie der Erzählform. (= Anm. 5) S. 190-195; Christliches Glauben und christliche Glaubenslosigkeit. Philosophische Untersuchungen zum Phänomen des christlichen Glaubensvorgangs und zu seiner Bedeutung für die Situation der Gegenwart. Tübingen: Niemeyer 1968. S. 17-35: „Das jemandem-Glauben".

23 In: Gabriele Wohmann: Stolze Zeiten. Erzählungen. Düsseldorf: Claassen 1981. S. 132-135.

24 In: Helga M. Novak: Geselliges Beisammensein. Prosa. Neuwied/Berlin: Luchterhand 1968. S. 128 f.

25 S. unsere einleitenden Ausführungen zur ‚Koproduktion' des Lesers in Abschnitt 1.2.; vgl. dazu die bekannten Argumentationen von Roman Ingarden, Jean-Paul Sartre, Wolfgang Iser, sowie (im Sinne von Ingarden und Iser) Franz K. Stanzel: Die Komplimentärgeschichte. Entwurf einer leserorientierten Romantheorie. In: Erzählforschung 2. Theorien, Modelle und Methoden der Narrativik. [...] Hg. v. Wolfgang Haubrichs. (Zeitschrift für Literaturwissenschaft und Linguistik, Beiheft 6) Göttingen: Vandenhoeck 1977. S. 240-259; auch Tzvetan Todorov: Die Lektüre als Rekonstruktion des Textes. Ebd. S. 228-239.

26 Wolfgang Kayser: Das sprachliche Kunstwerk. Eine Einführung in die Literaturwissenschaft. Bern/München: Francke ^{14}1969. S. 351.

27 Oder: Erzählformen haben stets einen Autor-Text-Leser-Bezug und mithin eine kommunikationsästhetische Struktur; s. Günter Waldmann: Kommunikationsästhetik 1: Die Ideologie der Erzählform. (= Anm. 5) S. 39-78; Cordula Kahrmann/Gunter Reiß/Manfred Schluchter: Erzähltextanalyse. Eine Einführung in Grundlagen und Verfahren. [...] Bd. 1 (Athenäum Taschenbücher AT 2131) Kronberg: Athenäum 1977. S.13-105.

28 Wolfgang Kayser: Das sprachliche Kunstwerk. (= Anm. 26) S. 360.

29 Friedrich Schiller: Der Verbrecher aus verlorener Ehre. Ausgewählte Werke. Hg. v. Ernst Müller. Darmstadt: Wissenschaftliche Buchgesellschaft 1954. Bd. 1, S. 437; gekürzt, statt „Grassen" ist „Grausen" eingesetzt.

30 Friedrich Schiller: Der Verbrecher aus verlorener Ehre. Ebd. S. 428.

31 Karl May: Der Schatz im Silbersee. (Karl May Taschenbücher 36) Wien/Heidelberg: Ueberreuter 1951. S. 142.

32 Aus: Peter Bichsel: Geschichten zur falschen Zeit. (Sammlung Luchterhand 347) Darmstadt/Neuwied: Luchterhand 1981. S. 66; der letzte Satz ist: „Das war der Entdecker des Penicillins."

33 Fünfzig Charaktere. München: Hanser 1974. S. 108-111.

34 Vgl. Gerhard Hoffmann: Raum, Situation, erzählte Wirklichkeit. Poetologische und historische Studien zum englischen und amerikanischen Roman. Stuttgart: Metzler 1978. S. 2 f.

35 Aus: J. Sheridan Le Fanu: Carmilla. Übers. v. Helmut Degner. In: J. Sh. Le Fanu: Carmilla und vier andere unheimliche Geschichten. Zürich: Diogenes 1968. S.7 f.

36 Aus: Alain Robbe-Grillet: Djinn. Ein rotes Loch im lückenhaften Pflaster. Roman. Übers. v. Elmar Tophoven. (Bibliothek Suhrkamp 787) Frankfurt/M.: Suhrkamp 1983. S. 24.

37 Adalbert Stifter: Der Waldsteig. In: A. St.: Erzählungen in der Urfassung. Hg. v. Max Stefl. Bd. Der Waldsteig [u.a.]. Augsburg: Kraft 1952. S. 22 f.; – 2. Stelle (= 2b) S. 26 f.; zu Beginn des 2. Abschnitts wurde „Herr Tiburius" durch „Er" ersetzt.

38 Heinrich Clauren: Mimili. (Bibliotheca erotica et curiosa) München: Rogner & Bernhard 1969. S. 36 f.; – 2. Stelle (= 3b) S. 37 f.

39 Georg Büchner: Lenz. In: G. B.: Werke und Briefe. Gesamtausgabe. Hg. v. Fritz Bergemann. Wiesbaden: Insel 1958. S. 88 f.; – 2. Stelle (= 1b) S. 89 f.

40 S. Elisabeth Ströker: Philosophische Untersuchungen zum Raum. (Philosophische Abhandlungen XXV) Frankfurt/M.: Klostermann 1965. S. 22-54; Gerhard Hoffmann: Raum, Situation, erzählte Wirklichkeit. (= Anm. 34) S. 55-79.

41 Vgl. Herman Meyer: Raumgestaltung und Raumsymbolik in der Erzählkunst. In: H. M.: Zarte Empirie. Studien zur Literaturgeschichte. Stuttgart: Metzler 1963. S. 35; und in: Landschaft und Raum in der Erzählkunst. Hg. v. Alexander Ritter. (Wege der Forschung CCCCXVIII) Darmstadt: Wissenschaftliche Buchgesellschaft 1975. S. 211.

42 S. Ernst Robert Curtius: Rhetorische Naturschilderung im Mittelalter. Mittelalterliche Studien 14. In: Romanische Forschungen. 56. Jg. 1942, S. 219-256.

43 Hermann Hesse: Gesammelte Werke in zwölf Bänden. (suhrkamp taschenbuch 1600) Frankfurt/M.: Suhrkamp 1987. Bd. 1, S. 240

44 Hermann Hesse, ebd. S. 241.

45 Hermann Hesse, ebd. S. 251.

46 Vgl. Gerhard Hoffmann: Raum, Situation, erzählte Wirklichkeit. (= Anm. 34) S. 327-355.

47 Goethes Sämtliche Werke. Jubiläums-Ausgabe in 40 Bänden. Stuttgart/Berlin: Cotta o.J. Bd. 16, S. 3.

48 Grimmelshausen: Der abenteuerliche Simplicissimus. Darmstadt: Wissenschaftliche Buchgesellschaft 1956 (Sonderausgabe des Winkler-Verlags, München). S. 485.

49 Laurence Sterne: Das Leben und die Ansichten Tristram Shandys. Übers. v. Rudolf Kassner. Wiesbaden: Diederichs 1946. S. 67-71.

50 (suhrkamp taschenbuch 1538) Frankfurt/M.: Suhrkamp 1988.

51 Roman. Übers. v. Burkhart Kroeber. (dtv 10516) München: Deutscher Taschenbuch Verlag 1986. S. 7 f., 14.

52 G. A. Bürger: Wunderbare Reisen zu Wasser und Lande, Feldzüge und lustige Abenteuer des Freiherrn von Münchhausen etc. In: Münchhausens wunderbare Reisen. Die phantastischen Geschichten des Lügenbarons und seiner Nachfolger. Hg. v. Erwin Wackermann. (dtv 52) München: Deutscher Taschenbuch Verlag 1968. S. 75 f.

53 Satiren. Berlin: EXpress Edition 1987. S. 12 f.

54 Goethes Sämtliche Werke. (= Anm. 47) Ebd. S. 3 f.

55 München/Wien: Hanser 1989.

56 (Sammlung Luchterhand 699) Darmstadt: Luchterhand 1987. S. 100 f.

57 Ungehaltene Reden ungehaltener Frauen. (Ullstein Buch 20623) Frankfurt/M. u. Berlin: Ullstein 1988.

58 Paul Ricoeur: Zeit und Erzählung. Bd. 1: Zeit und historische Erzählung. (Übergänge 18/I) München: W. Fink 1988. S. 13.

59 In: Ilse Aichinger: Nachricht vom Tag. Erzählungen. (Fischer Bücherei 1140) Frankfurt/M.: Fischer 1970. S. 46 f.

60 Nach: Ingeborg Meckling: Spiegelung. In: Werkstatt Sprache. Lehrgänge im Deutschunterricht der Sekundarstufe II. Hg. v. Wilhelm Dehn. Frankfurt/M.: Hirschgraben 1980. S. 212 f.

61 Gotthold Ephraim Lessing: Laokoon oder über die Grenzen der Malerei und Poesie. Gesammelte Werke in zehn Bänden. Berlin (DDR): Aufbau-Verlag 1955. Bd. 5, S. 115, = Kap. XVI.

62 In: Franz Hohler: Wo? (Fischer Taschenbuch 5320) Frankfurt/M.: Fischer 1983. S. 13 f.
63 Lessing: Laokoon. A.a.O. S. 134 f., = Kap. XVIII.
64 S. Günther Müller: Aufbauformen des Romans, dargelegt an den Entwicklungsromanen G. Kellers und A. Stifters. In: Neophilologus. 27. Jg. 1953, S. 4.
65 Michel Butor: Probleme des Romans. (Beck'sche Schwarze Reihe 57) München: Beck 1965. S. 70.
66 Laurence Sterne: Das Leben und die Ansichten Tristram Shandys. (= Anm. 49) S. 119.
67 Michel Butor: Probleme des Romans. (= Anm. 65) S. 65 u. 66.
68 S. Eberhard Lämmert: Bauformen des Erzählens. Stuttgart: Metzler 1955. S. 100-194.
69 Übers. v. Iris Schnebel-Kaschnitz. (SALTO 14) Berlin: Wagenbach 1989. S. 14, 16, 24, 78.
70 S. Adam J. Bisanz: Linearität versus Simultaneität im narrativen Zeit-Raum-Gefüge. Ein methodisches Problem und die medialen Grenzen der modernen Erzählstruktur. In: Erzählforschung 1. Theorien, Modelle und Methoden der Narrativik. [...] Hg. v. Wolfgang Haubrichs. (Zeitschrift für Literaturwissenschaft und Linguistik, Beiheft 4) Göttingen: Vandenhoeck 1976. S. 184-223.
71 Statt einer Literaturgeschichte. Pfullingen: Neske [2] 1958. S. 200, Anm. 3.
72 Robert Musil: Der Mann ohne Eigenschaften. Hamburg: Rowohlt 1952. S. 665, = I. Buch, Kap 122.
73 S. Jochen Mecke: Roman-Zeit. Zeitformung und Dekonstruktion des französischen Romans der Gegenwart. (Mannheimer Beiträge zur Sprach- und Literaturwissenschaft 16) Tübingen: Narr 1990.
74 S. Theodore Ziolkowski: Strukturen des modernen Romans. Deutsche Beispiele und europäische Zusammenhänge. (List Taschenbücher der Wissenschaft 1441) München: List 1972. S. 165-189, = Kap. „Aufruhr der Uhren“.
75 William Faulkner: Schall und Wahn. Roman. Übers. v. Helmut M. Braem/Elisabeth Kaiser. Stuttgart: Scherz & Goverts o.J. S. 84, 86, 87 u. 89.
76 Für Martin Heidegger etwa hat der Mensch ein einzigartiges und intensives Verhältnis zur Zukunft, nämlich zu seiner eigenen Zukunft: er weiß als einziges Lebewesen – auch wenn er es ständig verdrängt – , daß er sterben wird; der Mensch ist ein „Sein zum Tode“. Und von daher kann er auch Vergehen und Vergangenes erfahren und sich, am Übergangspunkt von Zukunft und Vergangenheit, als Gegenwart: Der Mensch selbst ist, und erst dadurch ‚gibt‘ es ‚Zeit‘, „zeitlich“ (s. Sein und Zeit. Halle a.d.S.: Niemeyer 1927. S. 235 ff., 385).
77 Alain Robbe-Grillet: Djinn. (= Anm. 35)
78 Djinn. A.a.O. S. 95.
79 Reinbek: Rowohlt 1986.
80 S. Günter Waldmann: Kommunikationsästhetik 1: Die Ideologie der Erzählform. (= Anm. 5) S. 212-251.
81 Vgl. auch Tzvetan Todorov: Vom künftigen Erzählen. In: Literaturmagazin 22: Ein Traum von Europa. Hg. v. Hans Christoph Buch. Reinbek: Rowohlt 1988. S. 146-151.
82 Der Papalagi. Die Reden des Südsee-Häuptlings Tuiavii aus Tiavea. Zollikon-Zürich: Tanner + Staehelin 1979. S. 63-67.
83 In: Peter Weiss: In Gegensätzen denken. Ein Lesebuch. Hg. v. Rainer Gerlach/Matthias Richter. (suhrkamp taschenbuch 1582) Frankfurt/M.: Suhrkamp 1988. S. 119-135; s. auch Umberto Eco: Industrie und sexuelle Repression in einer norditalienischen Gesellschaft. In: U. E.: Platon im Striptease-Lokal. Parodien und Travestien. Übers. v. Burkhart Kroeber. München: Hanser 1990. S. 56-84.
84 Der Papalagi. (= Anm. 82) S. 33-35.
85 In: Gabriele Wohmann: Erzählungen. Ebenhausen bei München: Langewiesche-Brandt 1966. S. 95-98.

86 In: Günter Kunert: Tagträume in Berlin und andernorts. Kleine Prosa Erzählungen Aufsätze. (Fischer Taschenbuch 1437) Frankfurt/M.: S. Fischer 1974. S. 15 f.; vgl. auch Max Frisch: Mein Name sei Gantenbein. Roman. Frankfurt/M.: Suhrkamp 1964. S. 92-104.
87 In: Friedrich Schiller: Ausgewählte Werke. (= Anm. 29) S. 428
88 Ebd. S. 427.
89 Gabriele Wohmann: Die Puppenmütter. In: G. W.: Der kürzeste Tag des Jahres. Erzählungen. (Sammlung Luchterhand 531) Darmstadt/Neuwied: Luchterhand 1984. S. 113-117.
90 Gabriele Wohmann: Schöne Ferien. In: G. W.: Ländliches Fest und andere Erzählungen. (dtv sr 92) München: Deutscher Taschenbuch Verlag 1971. S. 46 f.
91 In: Gabriele Wohmann: Gesammelte Erzählungen aus dreißig Jahren. Bd. 3. (Sammlung Luchterhand 653) Darmstadt/Neuwied: Luchterhand 1986. S. 117-119.
92 In: Kurt Tucholsky: Gesammelte Werke. Reinbek: Rowohlt 1960. Bd. 1, S. 809 f.
93 In: Gabriele Wohmann: Ländliches Fest und andere Erzählungen. (= Anm. 90) S. 61 f.
94 In: Franz Kafka: Erzählungen. Gesammelte Werke. Hg. v. Max Brod. Frankfurt/M.: S. Fischer o.J. S. 154 f.
95 Nach: Joachim Fritzsche/Katrin Bothe/Karl Günter Rammoser: Schreibwerkstatt. (= Anm. 10) S. 27-30.
96 In: Gabriele Wohmann: Ländliches Fest und andere Erzählungen. (= Anm. 90) S. 76 f.
97 In: Franz Hohler: Ein eigenartiger Tag. Lesebuch. (Sammlung Luchterhand 457) Darmstadt/Neuwied: Luchterhand 1983. S. 56.
98 Christoph Hein: Horns Ende. Roman (Sammlung Luchterhand 699) Darmstadt: Luchterhand 1985. S. 198.
99 Vgl. Rudolf Freudenberg: Das perspektivische Erzählen als literarisches Stilmittel. In: Sprache in Vergangenheit und Gegenwart. Beiträge aus dem Institut für Germanistische Sprachwissenschaft der Philipps-Universität Marburg. Hg. v. Wolfgang Brandt. (Marburger Studien zur Germanistik 9) Marburg: Hitzeroth 1988. S. 270-282.
100 (Diogenes Taschenbuch 20055) Zürich: Diogenes 1970.
101 In: Marie Luise Kaschnitz: Steht noch dahin. (suhrkamp taschenbuch 57) Frankfurt/M.: Suhrkamp 1972. S. 78 f.
102 In: Total verknallt. Ein Liebeslesebuch. Hg. v. Marion Bolte u.a. (rororo rotfuchs 356) Reinbek: Rowohlt 1984. S. 119.
103 Christoph Hein: Drachenblut. Novelle. (Sammlung Luchterhand 616) Darmstadt: Luchterhand 1985. S. 155.
104 In: Ryunosuke Akutagawa: Rashomon. Ausgewählte Kurzprosa. Übers. v. Jürgen Berndt. München: Beck 1985. S. 332-343.
105 Aus: Peter Bichsel: Die Jahreszeiten. (= Anm. 11) S. 110 f.; der letale Schluß stammt von uns.
106 In: Gabriele Wohmann: Gesammelte Erzählungen aus dreißig Jahren. Bd. 2. (Sammlung Luchterhand 652) Darmstadt/Neuwied: Luchterhand 1986. S. 18-34, daraus S. 18 f., 19, 20, 21, 22 f., 24 f., 29 u. 32.
107 In: Marie Luise Kaschnitz: Steht noch dahin. (= Anm. 101) S. 54.
108 Nach: Joachim Fritzsche/Katrin Bothe/Karl Günter Rammoser: Schreibwerkstatt. (= Anm. 10) S. 59-62.
109 Nach: Joachim Fritzsche/Katrin Bothe/Karl Günter Rammoser: Schreibwerkstatt. (= Anm. 10) S. 54-58.
110 In: Gabriele Wohmann: Ausgewählte Erzählungen aus zwanzig Jahren. Bd.1. (Sammlung Luchterhand 296) Darmstadt/Neuwied: Luchterhand 1979. S. 69-72.
111 Franz Hohler, aus: Vor der Stadt; Beim Essen und unmittelbar danach; In der Flasche. In: F. H.: Wo? (Fischer Taschenbuch 5320) Frankfurt/M.: Fischer 1983. S. 6 f., 50, 90.

112 Roman. Mit einem Ovidischen Repertoire. (Die Andere Bibliothek) Nördlingen: Greno 1988. S. 26 f.

113 In: Franz Kafka: Beschreibung eines Kampfes. Novellen, Skizzen, Aphorismen. Aus dem Nachlaß. Gesammelte Werke. Hg. v. Max Brod. Frankfurt/M.: Fischer o.J. S. 106 f.

114 Michail M. Bachtin: Die Ästhetik des Wortes. Hg. v. Rainer Grübel. (edition suhrkamp 967) Frankfurt/M.: Suhrkamp 1979. S. 225, 227.

115 Vgl. Hans-Gerhard Winter: Probleme des Dialogs und des Dialogromans in der deutschen Literatur des 18. Jahrhunderts. In: Wirkendes Wort. 20. Jg. 1970, S. 33-51.

116 In: Franz Kafka: Hochzeitsvorbereitungen auf dem Lande und andere Prosa aus dem Nachlaß. Gesammelte Werke. Hg. v. Max Brod. Frankfurt/M.: S. Fischer o.J. S. 294.

117 In: Kurt Tucholsky: Gesammelte Werke. (= Anm. 92) Bd. 2, S. 446 f., und: K. T.: Panter, Tiger & Co. (rororo 131) Hamburg: Rowohlt 1954. S. 56-58; gekürzt.

118 Hörspiel. (Universal-Bibliothek 9842) Stuttgart: Reclam 1977. S. 25-27.

119 Kiel: Neuer Malik Verlag 1985. S. 165-167; s. auch Nathalie Sarraute: Kindheit. (Reclams Universal-Bibliothek 1142) Leipzig: Reclam 1986.

120 In: Gabriele Wohmann: Ausgewählte Erzählungen aus zwanzig Jahren. Bd. 1. (= Anm. 110) S. 66 f.; zusätzliche Abschnittseinteilungen.

121 Gabriele Wohmann, ebd. S. 67-69; zusätzliche Abschnittseinteilungen.

122 Michail M. Bachtin: Literatur und Karneval. Zur Romantheorie und Lachkultur. (Fischer Wissenschaft 7434) Frankfurt/M.: Fischer 1990. S. 124.

123 In: Marie Luise Kaschnitz: Steht noch dahin. (= Anm. 101) S. 71.

124 In: Kurt Tucholsky: Gesammelte Werke. (= Anm. 92) Bd. 3, S. 768-770.

125 In: Beispiele Beispiele. Texte aus der Literarischen Werkstatt Gelsenkirchen. Hg. v. Hugo Ernst Käufer. Recklinghausen: Georg Bitter 1969. S. 25.

126 In: Joachim Fritzsche/Katrin Bothe/Karl Günter Rammoser: Schreibwerkstatt. (= Anm. 10) S. 72.

127 Nach: Joachim Fritzsche/Katrin Bothe/Karl Günter Rammoser: Schreibwerkstatt. (= Anm. 10) S. 76 f.

128 S. Michail M. Bachtin: Die Ästhetik des Wortes. (= Anm. 114) S. 241-151.

129 S. Michail M. Bachtin: Literatur und Karneval. (= Anm. 122) S. 107-131, Zitate S. 109, 121.

130 In: Franz Hohler: Ein eigenartiger Tag. (= Anm. 97) S. 75.

131 Theodor Fontane: Schach von Wuthenow. Erzählung aus der Zeit des Regiments Gendarmes. Nymphenburger Taschenbuchausgabe in 15 Bdn. München: Nymphenburger 1969. Bd. 5, S. 104-106; „In einer Woche war vielleicht eine bessere Gelegenheit." ist eingefügt (eine originale Stelle dieser Art z.B. S. 90), „warf", „legte", und „zählte" wurden ins Präsens gesetzt.

132 Vgl. Mario Andreotti: Die Struktur der modernen Literatur. Neue Wege in der Textanalyse. Einführung. Epik und Lyrik. (UTB 1127) Bern: Haupt 1983. S. 100-105.

133 Für eine genauere Darstellung s. Günter Waldmann. Kommunikationsästhetik 1: Die Ideologie der Erzählform. (= Anm. 5). S. 197-212.

134 S. F.K. Stanzel: Wandlungen des narrativen Diskurses in der Moderne. In: Erzählung und Erzählforschung im 20. Jahrhundert. Tagungsbeiträge eines Symposiums der Alexander von Humboldt-Stiftung Bonn-Bad Godesberg […]. Hg. v. Rolf Kloepfer/Gisela Janetzke-Dillner. Stuttgart: Kohlhammer 1981. S. 378-381.

135 In: Peter Handke: Prosa Gedichte Theaterstücke Hörspiel Aufsätze. Frankfurt/M.: Suhrkamp 1969. S. 82.

136 Theodor Fontane: Schach von Wuthenow. (= Anm. 131) S. 86 f.

137 Diese Vermischung, genauer: das Hinübergleiten der Erzählerrede in Figurenrede im Zusammenhang mit der indirekten Rede läßt sich gut an dem zuerst zitierten Fontane-Text verfolgen und geschieht auch in dem Hohler-Text.

138 (= Anm. 103) S. 34-36.

139 Ebd. S. 172.

140 G. F. Jonke: Musikgeschichte. (LCB-Editionen 20) Berlin: Literarisches Colloquium 1970.

141 In: Peter Handke: Prosa [...]. (= Anm. 135) S. 83 f.

142 In: Gabriele Wohmann: Gesammelte Erzählungen aus dreißig Jahren. Bd. 2. (= Anm. 106) S. 68 f.

143 Kriminalroman. (Heyne-Buch 1881) München: Heyne ^{2}1982. S. 55-58, 100-102.

144 Christa Wolf: Was bleibt. Erzählung. Frankfurt/M.: Luchterhand 1990. S. 52; 61, 56, 60, 56.

145 In: Wolf Wondratschek: Ein Bauer zeugt mit einer Bäuerin einen Bauernjungen, der unbedingt Knecht werden will. (Reihe Hanser 44) München: Hanser 1970. S. 18.

146 In: Wolf Wondratschek: Früher begann der Tag mit einer Schußwunde. (Reihe Hanser 15) München: Hanser 1969. S. 76.

147 Zur Unterscheidung von ‚Erzählen‘ und ‚Berichten‘ vgl. beispielsweise Jochen Rehbein: Sequentielles Erzählen. Erzählstrukturen von Immigranten bei Sozialberatungen in England. In: Erzählen im Alltag. (= Anm. 7) S. 82-86; Beschreiben, Berichten und Erzählen. In: Erzählen in der Schule. Hg. v. Konrad Ehlich. (Kommunikation und Institution 10) Tübingen: Narr 1984. S. 67-124.

148 Es findet sozusagen eine auf einer „Differenzumkehrung“ beruhende „Differenzverdopplung“ statt. (s. Broder Christiansen: Philosophie der Kunst. Hanau: Clauss & Feddersen 1909. S. 119).

149 In: Klagenfurter Texte zum Ingeborg-Bachmann-Preis 1980. Hg. v. Humbert Fink u.a. München: List 1980. S. 127 f.

150 Roman. Frankfurt/M.: Fischer 1974. S. 762 f.

151 Roman. Frankfurt/M.: Suhrkamp 1966. 21.-40. Tsd. S. 124 f.

152 In: Ingeborg Bachmann: Werke. Hg. v. Christine Koschel/Inge von Weidenbaum/Clemens Münster. München/Zürich: Pieper 1982. Bd. 3, S. 137 f., 44.

153 (edition suhrkamp 53) Frankfurt/M.: Suhrkamp 1960. S. 71-73.

154 In: Wolfgang Borchert: Das Gesamtwerk. Hamburg: Rowohlt 1959. S. 251 f.

155 Romane. Übers. v. Eugen Helmlé. Frankfurt/M.: Zweitausendeins 1982. S. 70 f.

156 Übers. v. Georg Goyert. Zürich: Rhein-Verlag 1956. S. 783 f.

157 Arno Schmidt: Berechnungen I. In: A. Sch.: Das essayistische Werk zur deutschen Literatur in 4 Bänden. Sämtliche Nachtprogramme und Aufsätze. Zürich: Haffmans 1988. Bd. 4, S. 347.

158 Ebd. S. 350 f.

159 Ebd. S. 347.

160 In: Geschichten aus der Geschichte der DDR. 1949-1979. Hg. v. Alfred Behn. (Sammlung Luchterhand 301) Darmstadt/Neuwied: Luchterhand 1981. S. 164 f.; Anfang.

161 Helmut Heißenbüttel, Arno Schmidt, Peter Handke, Dieter Wellershoff, Uwe Johnson, Hans Magnus Enzensberger, Max Frisch und viele andere benutzten das Collageverfahren; im Neuen Hörspiel und im Dokumentarischen Theater wurde es verwendet.

162 S. Volker Hage: Literarische Collagen. Texte, Quellen, Theorie. (Universal-Bibliothek 7695) Stuttgart: Reclam 1981. S. 5-30 (= Einleitung); Collagen in der deutschen Literatur. Zur Praxis und Theorie eines Schreibverfahrens. (Forschungen zur Literatur- und Kulturgeschichte 5) Frankfurt a.M./Bern/New York/Nancy: Lang 1984.

163 Volker Hage: Collagen in der deutschen Literatur. (= Anm. 162) S. 69.

164 Vgl. Volker Hage: Collagen in der deutschen Literatur. Ebd. S. 151-157.

165 (dtv 295) München: Deutscher Taschenbuch Verlag 1965. S. 105 f.

166 In: Kurt Schwitters: Das literarische Werk. Hg. v. Friedhelm Lach. Köln: DuMont 1973. Bd. 1, S. 60.

167 Alfred Döblin: Berlin Alexanderplatz. (= Anm. 165) S. 105.

168 S. Klaus Müller-Salget: Zur Entstehung von Döblins ‚Berlin Alexanderplatz'. In: Materialien zu Alfred Döblin ‚Berlin Alexanderplatz'. Hg. v. Matthias Prangel. (suhrkamp taschenbuch 268) Frankfurt/M.: Suhrkamp 1975. S. 122.

169 Nach: Ingeborg Meckling: Kreativitätsübungen im Literaturunterricht der Oberstufe. München: Oldenbourg 1972. S. 92 f.

170 In: Horst Bienek: Vorgefundene Gedichte. Poèmes trouvés. München: Hanser 1969. S. 36.

171 Roman. Reinbek: Rowohlt 1968. S. 280.

172 In: Cut Up. Der sezierte Bildschirm der Worte. Hg. und übers. v. Carl Weissner. Darmstadt: Melzer 1969. S. 20.

173 In: Das surrealistische Gedicht. Hg. v. Heribert Becker/Edouard Jaguer/Petr Král. Frankfurt/M.: Zweitausendeins/Museum Bochum 1985. S. 573 f.

174 Vgl. Volker Hage: Collagen in der deutschen Literatur. (= Anm. 162) S. 157-160.

175 Franz Mon: Collagetexte und Sprachcollagen. In: F. M.: Texte über Texte. Neuwied/Berlin: Luchterhand 1970. S. 122.

176 Franz Mon, ebd. S. 119.

10 Autorenregister

Die Stellen, an denen literarische Texte der Autoren abgedruckt sind, sind **fett** gedruckt.

11 Verzeichnis der Arbeitsanregungen

Grundformen des Erzählens

Der Leserbezug des Erzählens: Figuren, Raum, Autor- und Leserrolle

Zeitstrukturen des Erzählens